福祉哲学に基づく
社会福祉学の構想
社会福祉学原論

中村　剛―著

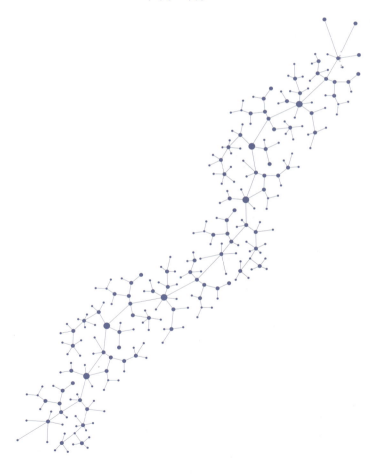

みらい

まえがき

　いじめや虐待，心身の障がいや加齢，失業や過労，貧困などへの対応，あるいは，人びとの支え合いの仕組みづくりなど，現に，社会福祉といわれる営みが存在し，多くの大学や専門学校で社会福祉の教育が行われている。そして，社会福祉を対象にした研究も数多く行われている。しかしながら，未だに，社会福祉学は1つの学問として成立しているとは言い難い。

　こうした状況の中，社会福祉学の構築を命令する声が感じられる。その声は，いじめや虐待，心身の障がいや加齢，失業や過労，貧困状態にある人たちから発せられている。この声が社会福祉学の根源にある真理に気づかせてくれる。そして，社会福祉学は，その真理を根拠にしてみずからを発展させていく。

　本書は，社会福祉学の構築を命令する声に促され，「哲学」と「歴史」という観点をもって，社会福祉学の構想を試みる。ここでいう「哲学」とは，社会福祉学という学問を，根源から，そして，自分（私を含めた一人ひとりの人生）と結びつけた中で考えることを意味する。一方，「歴史」とは，「学問とは科学である」と無反省に捉える19世紀以降の思考枠組みを相対化した中で，社会福祉学を考えることを意味する。こうした「哲学」と「歴史」という観点をもって，社会福祉学の構想の第一段階として，社会福祉学が成り立つために必要な学問的基盤を明らかにすることが本書の目的である。

　社会福祉学の構想に関する先行研究は，経済学におけるマルクス主義，社会学における構造―機能主義などの，いわゆるグランド・セオリーを基盤として構想されてきた。しかし，グランド・セオリーが影響力を失うと伴に，社会福祉学の構想に関する研究は衰退していった（松井 1992：ⅰ-ⅱ，岩崎 2011：4-5）。そして今日（2015年）では，社会福祉学の構想といえば，古川孝順の研究に留まっている。その古川の研究にしても，学問的基盤を問うところ（根源）

から社会福祉学を構想しているとは言い難い。こうした先行研究における唯一の例外として，学問的基盤（認識の源泉）を問い，今日に至るまで影響力をもっているのが岡村重夫による社会福祉学（いわゆる岡村理論）である。

　岡村の最大の特徴は，他領域から理論を借り，それに基づいて社会福祉学を構想するのではなく，社会福祉学を「みずからの頭で，そして認識の源泉という根源にまで遡り考え抜いた」という点にある。その姿勢は，みずから問い，徹底的に考えるという意味では哲学であり，岡村は哲学（福祉哲学）することで社会福祉学を構想したといえる。

　本書が岡村から継承する点は，岡村理論の内容ではなく，岡村の「哲学（福祉哲学）することで社会福祉学を構想する」という研究方法ないし姿勢である。しかし，岡村がよく「社会福祉は論理である」と口にしていたように（松本2012：2-3），岡村は社会福祉を論理（ロジック，ロゴス）の水準において捉えようとした。これはギリシア哲学を起源とする系譜の発想である。

　これに対して本書では，ユダヤ・キリスト教を起源とする「働きかけるもの／駆り立てるもの（ダーバール）」とギリシア哲学を起源とする「論理（ロジック，ロゴス）」，この双方を基盤とすることにより，社会福祉学の構想を試みる。

　こうしたアイディアをもつに至った理由は，糸賀一雄，嶋田啓一郎，阿部志郎，小倉襄二といった先覚者からの学び，そして影響である。ここに挙げた人物は，福祉思想において業績を残した人たちであり，嶋田を除けば，社会福祉理論として社会福祉学を構想した人たちとは理解されていない。しかし，糸賀一雄，嶋田啓一郎，阿部志郎，小倉襄二らの研究こそ，岡村が拠って立つ基盤とした論理（ロジック，ロゴス）に先立つ，社会福祉学の基盤となるダーバールの側面に触れているのである。

　ダーバールとロゴスという観点から学問を問うことは，「学問は科学である」と無反省に捉える態度を反省し，「歴史」を踏まえ社会福祉学を捉え直すことを意味する。本書は，思考の枠組みを相対化する「歴史」という観点と，物事を根源から問い考える「哲学」という観点から，社会福祉学の構想を試みる。

まえがき

　さて，本書では「社会福祉学の学問的基盤」を探究するために，社会福祉学原論という研究領域を設定する。これは，社会福祉原論とは異なる。社会福祉原論は社会福祉を対象とし，その原理，本質，体系を探究する。これに対して，社会福祉学原論は社会福祉学を対象とし，その学問的基盤を探究する。ここでいう学問的基盤とは，各章の論文で考察している通り，社会福祉学を構築する言語，社会福祉学の正当化，社会福祉学における真理，そして社会福祉学の対象と方法など，社会福祉学が学知として成立するために明らかにしなければならない認識に関する基盤を意味する。ある学問を構想するのであれば，こうした学問的基盤の研究が不可欠である。

　以上の考えに基づき，先行研究の成果を継承しつつも，ダーバール（言葉，働きかけるもの）とロゴス（言葉，論理）という観点から，社会福祉学の学問的基盤を明らかにすることが本書の具体的な目的である。その内容は以下の通りである。

　第1章の「社会福祉学を構築する言語」では，ロゴスとは異なるダーバールという言語があり，社会福祉学はダーバールとロゴスという性質の異なる言語によって構築されることを論証する。社会福祉学を構想する先行研究において，言語はまったく問題にされてこなかった。しかし言語こそ，歴史の創造と文化の継承を可能にし，私たち人間の思考，認識，表現を可能にしている。それが故に，「歴史」という観点を踏まえ，社会福祉学の構想を試みる本書は，まず，言語に対する考察から始まる。

　第2章の「社会福祉学における正当化と根源にある知（公理）」では，社会福祉に関する知識が真であるといえる根拠（正当化の仕組み）を解明するとともに，その正当化の仕組みに基づき，社会福祉学の前提（公理）となる知識を明らかにする。この章では，社会福祉学を正当化する仕組みには，水平と垂直という2つの間主観性があること，そして，社会福祉学の公理には，「私に〈いま・ここで・現に〉世界が立ち現れている」「他者の痛みや苦しみを感じる」「この私には他者への責任＝倫理がある」という3つがあることを論証する。

　第3章の「社会福祉学における真理」では，社会福祉学は主体的真理と客体

的真理という2つの真理を基準に構築されることを明らかにする。ここでいう客体的真理とは，真理の根拠を客体（客観）におく真理である。これに対して主体的真理とは，私と他者との間で作動している超越論的次元を根拠に見出される真理である。自然科学であれば客体的真理によって学知を構築していくことはできるであろう。しかし，人と人との営みである社会福祉学は，主体的真理と客体的真理の双方によって構築される。これがこの章によって見出された新たな知見であり，「哲学」という観点を踏まえ構築される社会福祉学の在り方である。

　第4章の「社会福祉学の対象となる研究領域」では，超越論的，生活者，観察者という3つの視点から社会福祉学の研究領域を明らかにする。考察の結果，社会福祉学の対象には，社会福祉学原論，生活世界論，領域論，そして社会福祉原論の4領域があることを明らかにしている。先行研究においては，主として社会福祉原論と領域論の範疇の中で社会福祉学が構想されてきた。しかし，社会福祉学を構想するのであれば，社会福祉学原論と生活世界論が不可欠である。これが本章の主張である。社会福祉学原論とは，社会福祉学の根源，すなわち学問的基盤を探究する領域であり，社会福祉の原理，本質，体系を探究する社会福祉原論とは異なる。本書は，この社会福祉学原論の研究である。

　第5章の「社会福祉学の方法」では，社会福祉の全体像を解明できる方法の仮説を提示し，その後，社会福祉学の領域（対象）に応じた研究方法を提示している。超越論的領野（社会福祉学原論）を研究する方法は現象学，生活世界（生活世界論）を研究する方法は哲学的解釈学と質的研究，生活世界とシステムのうち事実に関する領域を研究する方法は社会科学，生活世界とシステムのうち価値に関する領域を研究する方法は対話である。この章ではこれらの概略を示した上で，こうした方法によって得られる社会福祉の全体像および社会福祉学の全体像を提示している。

　本書は，2014年に発刊した拙著『福祉哲学の継承と再生』の研究成果に基づき展開した研究である。『福祉哲学の継承と再生』では，小倉襄二や阿部志郎

らの哲学・思想に学びながら，「福祉哲学とは何であるのか。それはどうすれば行うことができるのか」を問うた。この問いについて考える中で気づいたことは，「この世界にはロゴスとは異なるダーバールという言葉がある」という点である。この気づきが本研究の出発点となっている。そして，主として現象学という方法に依拠しながら社会福祉を哲学する中で見えてきたことが，社会福祉学はギリシア思想（哲学）とユダヤ・キリスト教（宗教）を基盤にして構想されるという見通しである。また，歴史を振り返り，その中で社会福祉学を構想しようとするアイディアである。

　学知はギリシア思想（哲学）から生まれているため，ギリシア思想（哲学）を基盤にすることは，当たり前といえば当たり前である。しかし，自然科学とは異なり，社会福祉学は，単に対象を記述説明するだけでなく，人と人とが共に生きることを願う。その営み（社会福祉学）において他者は，認識の対象である前に呼びかけに応えるべき人である。そうであるが故に，社会福祉学の構想にはギリシア思想（哲学）と並んで，いや，それに先行してユダヤ・キリスト教（宗教）の知見が不可欠なのである。

　こう述べた時点で，「それは学知（認識）からの逸脱である」という批判が予想される。しかし，実践の学問である社会福祉学においては，認識（知ること）に倫理（他者との関係）が先立っている。そうであるが故に，社会福祉学を構想するためには，倫理（他者との関係）を明らかにするユダヤ・キリスト教（宗教）と，認識（知ること）について明らかにするギリシア思想（哲学）の双方が必要なのである。各章の論考は，こうした主張を裏づけようとするものである。

　ロゴス（論理や理性）によって構築される学問であれば，その学問を構築するのは，理性的能力（論理的に物事を考える知的能力）に優れた学者であろう。しかし，本書が主張するように，社会福祉学がダーバールとロゴスによって構築されるのであれば，社会福祉学は，虐げられ抑圧されている人たち，その人たちに真摯に向き合い関わっている人たち，学者（研究者），そして，地域住民といった，多様な立場の人たちの協働によって構築されていくこととなる。

本書において，そのような社会福祉学の在り方を示したいと思う。

［文献］

岩崎晋也（2011）「序論　社会福祉原論研究の活性化にむけて」岩田正美監修，岩崎晋也編『リーディングス日本の社会福祉　第1巻　社会福祉とはなにか——理論と展開』日本図書センター，3-40.

松本英孝（2012）「第1章　岡村理論に在る主体的人間像」右田紀久惠・白澤政和監修，松本英孝・永岡正巳・奈倉道隆編著『岡村理論の継承と展開　第1巻　社会福祉原理論』ミネルヴァ書房，2-15.

松井二郎（1992）『社会福祉理論の再検討』ミネルヴァ書房.

［凡例］

1．引用は本文中に，(著者名　発行年：該当頁)という形で表記している。例えば，(中村 2015：125)とは，文献リストにある，中村…(2015)『文献名』出版社，の文献を指しており，その125頁にある文章から引用したことを意味している。また，著書および発行年が同じ場合には，(中村 2015-a：31)，(中村 2015-b：144)というように，発行年の後に-a，-bと付けて区別している。
2．引用の場合，「　」内は原文そのままの引用である。一方，「　」がない場合は若干文章を整え引用している。
3．著書名は『　』で，引用文は「　」で示している。
4．文中の「／」は「または」を，「・」は「と」を意味する。
5．出典を示していない図はすべて筆者が作成したものである。
6．(柴田 1978＝2011：422)という引用の表記は，1978年が原論文の発行年，2011年が再録された引用文献の発行年を表す。

目次■福祉哲学に基づく社会福祉学の構想——社会福祉学原論

まえがき　1

第1章　社会福祉学を構築する言語
　　　——ダーバールとロゴスに基づく社会福祉学 …………………… 17

Ⅰ　はじめに ……………………………………………………………………… 18
Ⅱ　社会福祉学の意味 …………………………………………………………… 21
　1．学知とは何か　21
　　（1）知識の定義　22
　　（2）体系化　22
　　（3）学知の定義　22
　2．社会福祉学とは何か　23
　　（1）社会福祉の意味　23
　　（2）社会福祉学の意味　24
Ⅲ　先行研究における思想的言語と文学的言語の分析 ……………………… 25
　1．思想的言語の記述　25
　　（1）思想的言語の意味と必要性　25
　　（2）実践者による思想的言語　26
　　（3）研究者による思想的言語　29
　2．文学的言語の記述　31
　　（1）文学的言語の意味と必要性　31
　　（2）研究者によって見出される文学的言語　32
　　（3）文学者（作家）によって語られる文学的言語　33
　　（4）当事者による文学的言語　37
　3．分析・考察　39
　　（1）言葉の種類　39
　　（2）視点と次元　43
Ⅳ　言語の根源性と解釈（理解）の理論 ……………………………………… 45
　1．言語によって提示される世界という事象　45
　　（1）言語によって構成される世界　45
　　（2）この私の個別的な経験と歴史という全体的なもの　46
　2．解釈（理解）の理論　46

　　　　（1）体験—表現—理解と母国語（言語）　46
　　　　（2）解釈学的経験　47

Ⅴ　社会福祉学の根底にある言語 ……………………………………………… 51

　1．3つの言葉の解釈　51

　　　　（1）人の生が表現される言葉の解釈　51
　　　　（2）人と人との間で発せられる言葉の解釈　53
　　　　（3）神と人との間で聴かれる言葉の解釈　54

　2．ダーバールとロゴス　57

　　　　（1）神の言葉としてのダーバール　57
　　　　（2）ロゴスの変遷（ロゴスとダーバールの関係）　59
　　　　（3）ダーバールとロゴス　61

　3．社会福祉学の根底にある言語　62

　　　　（1）社会福祉における解釈学的経験　62
　　　　（2）社会福祉学の根底にある2つの系譜の言語　64

Ⅵ　社会福祉学を構成する言語の基礎知識 ……………………………………… 64

　1．ダーバールに対する理解　65

　　　　（1）ダーバールの本質　65
　　　　（2）ダーバールの表出・読み取り　66
　　　　（3）ダーバールの働き　67

　2．ロゴスに対する理解　68

　　　　（1）ロゴスの本質　68
　　　　（2）ロゴス・科学技術・実践理性　68
　　　　（3）ロゴスの働き　71

　3．社会福祉学を構成する4つの言語　72

Ⅶ　社会福祉学を構成する言語の具体的内容 …………………………………… 73

　1．ダーバールとロゴス　73

　　　　（1）根源にあるダーバール　73
　　　　（2）体系化するロゴス　73

　2．4つの言語の具体的内容　74

　　　　（1）思想的言語　74
　　　　（2）文学的言語　75
　　　　（3）理論的言語　77
　　　　（4）技術的言語　78

Ⅷ　ダーバールとロゴスに基づく社会福祉学の構築 …………………… 78
　１．ダーバールとロゴスを用いる人間の知的能力　78
　　　（１）知性＝理性知―理性―論証知―感性＝感覚　78
　　　（２）ダーバールを直観・理解する知性　80
　２．ダーバールとロゴスによって構築される社会福祉学　82
　　　（１）社会福祉学の公理となるダーバール　82
　　　（２）社会福祉学を体系化するロゴス　82
Ⅸ　おわりに ………………………………………………………………… 83

第２章　社会福祉学における正当化と根源にある知（公理）
　　　　──反自然主義（内在的なもの）の立場から ……………… 89

Ⅰ　はじめに ………………………………………………………………… 90
Ⅱ　学知の基礎づけ ………………………………………………………… 92
　１．学知を基礎づける２つの立場　92
　　　（１）内在主義──基礎づけ主義と整合説　92
　　　（２）外在主義あるいは認識（知識論）の自然化　95
　２．学知を基礎づけるもう１つの可能性　96
　　　（１）内在主義への希求（反自然主義の立場）　96
　　　（２）反自然主義的／全体論的規範主義　97
　　　（３）内在的なものを基盤とした社会福祉学の正当化　97
Ⅲ　内在的なものの探究──現象学 ……………………………………… 98
　１．心は世界にどうつながっているのか　98
　　　（１）内在的視点　98
　　　（２）私が生きている世界と世界そのもの　98
　２．現象学的還元と超越論的間主観性　99
　３．志向性の理論　100
　４．生活世界と地平　101
Ⅳ　知を根拠づける仕組みと働き（正当化）……………………………… 101
　１．２段階の還元　101
　２．水平的な間主観性──理由の空間と解釈の空間　103

（1）規範的・反自然的な「理由・解釈の空間」　103
　　　（2）会話による正当化　105
　　3．垂直的な間主観性——レヴィナスの倫理　105
　　　（1）他者への責任＝倫理という普遍的な仕組みと働き　106
　　　（2）体験による正当化　108
Ⅴ　社会福祉学の根源にある知 …………………………………………………… 109
　　1．根源にある知　109
　　　（1）意味　109
　　　（2）種類　109
　　2．社会福祉学の根源にある3つの公理　110
　　　（1）私に〈いま・ここで・現に〉世界が立ち現れている——公理1　110
　　　（2）他者の痛みや苦しみを感じる——公理2　111
　　　（3）この私には他者への責任＝倫理がある——公理3　112
　　3．社会福祉と学知——社会福祉学とは何か　113
　　　（1）現実と学知をつなぐ倫理　113
　　　（2）社会福祉学とは何か　113
Ⅵ　おわりに ……………………………………………………………………………… 114

第3章　社会福祉学における真理
　　——現象学に基づく真理の探究を通して ……………………………… 119

Ⅰ　はじめに ……………………………………………………………………………… 120
Ⅱ　現象学 ………………………………………………………………………………… 121
　　1．現象学という方法　121
　　　（1）根本精神と方法　121
　　　（2）現象学とは何か　122
　　　（3）現象学における真理　122
　　2．現象学を用いる理由　123
　　　（1）素朴性を克服した中で真理を見出すため　123
　　　（2）生（直接経験）を基盤とした真理を見出すため　124
　　　（3）当事者の視点から見出される真理を明らかにするため　125
　　　（4）単独性を回復するため　125

Ⅲ 現象学によって見出される真理 …………………………………… 126
  1．フッサール　126
    （1）自然的態度と超越論的態度　126
    （2）現象学的還元によって見出される超越論的間主観性
       ——超越論的次元①　127
    （3）明証性としての真理　127
    （4）考察　128
  2．ハイデガー　128
    （1）頽落　129
    （2）不安・死・良心・先駆的決意性によって見出される本来的実存
       ——超越論的次元②　129
    （3）開示性としての真理　131
    （4）考察　131
  3．レヴィナス　132
    （1）私が支配する世界＝他者不在の世界　132
    （2）顔の抵抗と呼びかけによって見出される倫理
       ——超越論的次元③　133
    （3）「語り」（証し）としての真理　134
    （4）考察　135
  4．真理に対する理解の深まり　136
    （1）思い込みから現実そのものへ関心を向け変える　136
    （2）真理の根拠　136

Ⅳ 社会福祉学における真理 ………………………………………… 137
  1．真理の意味と内容　137
    （1）真理の意味　137
    （2）真理の内容　138
  2．真理と公理・価値　139
    （1）真理と公理　139
    （2）真理と価値　140
  3．客体的真理と主体的真理　140
    （1）客体的真理から主体的真理へ　140
    （2）主体的真理を基盤として構築される社会福祉学　141

Ⅴ おわりに ………………………………………………………… 142

第4章　社会福祉学の対象となる研究領域
　　　──超越論的，生活者，観察者という3つの視点から ……………… 145

Ⅰ　はじめに ………………………………………………………………… 146
Ⅱ　世界と社会の存立構造 ………………………………………………… 147
　1．私たち一人ひとりが生きている現実の世界　147
　　（1）世界に対する2つの現実感　147
　　（2）私の世界を超越しているものがいかにして理解されるのか　148
　2．世界の中で生成される社会　149
　　（1）コミュニケーションによる秩序の生成　149
　　（2）意味　150
　3．世界と社会の存立構造に関する仮説の提示　151
Ⅲ　社会福祉学における根源的視点 ……………………………………… 152
　1．"視るべきものを視る"（メタノイヤ）と底辺という視点　153
　2．現象学的還元と超越論的視点　154
　3．社会福祉学における根源的視点　155
Ⅳ　根源にある真理と意味的存在としての社会福祉 …………………… 155
　1．真理の意味　155
　2．存在と他者に関する真理　156
　　（1）存在の真理（開示性としての真理）　156
　　（2）他者の真理（「語り」（証し）としての真理）　157
　3．意味的存在としての社会福祉　157
　　（1）意味を表現する概念と命題　157
　　（2）意味的存在としての社会福祉　158
　4．根源にある真理によって理解・創造される社会福祉という対象　158
　　（1）根源的視点と社会福祉固有の視点の違い　158
　　（2）根源にある真理によって理解・創造される社会福祉という対象　159
Ⅴ　生活者と観察者の視点 ………………………………………………… 160
　1．生活者（当事者）の視点　160
　2．観察者の視点　161

Ⅵ 社会福祉という対象 …………………………………………………… 162
　1．3つの視点によって理解される社会福祉という対象　162
　2．社会福祉学における根源的真理と社会福祉という対象における真理　162
　3．社会福祉という対象のカテゴリー　163
　　　（1）時間的カテゴリー　163
　　　（2）空間的カテゴリー　164
Ⅶ 社会福祉学の研究領域 ………………………………………………… 165
　1．社会福祉学原論　166
　　　（1）社会福祉学を構築する言語　166
　　　（2）社会福祉学の正当化　166
　　　（3）社会福祉学における真理　167
　　　（4）社会福祉学の対象　167
　　　（5）社会福祉学の方法　167
　　　（6）社会福祉学の体系化　167
　2．生活世界論　168
　　　（1）社会福祉を体験している（体験した）人の生活世界　168
　　　（2）社会福祉と関わっていない人の生活世界　169
　3．領域論　170
　　　（1）事実認識に関する領域　170
　　　（2）存在理由と目的（価値や規範）の認識に関する領域　171
　　　（3）方法（目的を実現するために有効な手段）に関する領域　171
　　　（4）評価に関する領域　171
　4．社会福祉原論　172
　　　（1）原理　172
　　　（2）本質　172
　　　（3）体系　172
Ⅷ おわりに ………………………………………………………………… 173

第5章　社会福祉学の方法
　　　　──社会福祉の全体像を解明する方法の仮説…………………………… 177
Ⅰ　はじめに ……………………………………………………………………… 178
Ⅱ　先行研究の継承と課題 ……………………………………………………… 179
　1．継承　179
　2．課題　180
　　　（1）哲学の必要性　180
　　　（2）全体像を体系的に理解する　180
Ⅲ　仮説の提示 …………………………………………………………………… 181
　1．実践的関心をもつ　181
　2．視るべきものを視て生活世界と出会う　181
　　　（1）視るべきものを視る　181
　　　（2）生活世界との出会い　182
　3．根源を／根源から問い考える　183
　　　（1）問い　183
　　　（2）考える　183
　4．視点を設定する　183
　　　（1）実践的関心と生活者の視点　183
　　　（2）解放的関心と超越論的視点　184
　　　（3）実践的／解放的関心と観察者の視点　185
　5．視点によって見出される研究領域（対象）　186
　　　（1）知の性質　186
　　　（2）視点から見出される研究領域（対象）　186
　6．研究領域（対象）によって規定される研究方法　187
　　　（1）対象（事象）に向き合う　187
　　　（2）研究領域（対象）に応じた方法を設定する　187
　7．社会福祉学の方法は思想と理論をもたらす　188
　8．仮説の提示　188
　　　（1）福祉哲学　189
　　　（2）現象学　190
　　　（3）社会科学　190
　　　（4）対話　191

Ⅳ　研究領域に応じた研究方法 ………………………………………………… 191
　１．超越論的領野（社会福祉学原論）における方法──現象学　191
　　（１）生活世界と超越論的間主観性　192
　　（２）世界が構成される仕組みと働き（超越論的領野）を分析・記述する　192
　　（３）超越論的領野における記述分析の方法　193
　２．生活世界（生活世界論）における方法──哲学的解釈学と質的研究　194
　　（１）解釈学　194
　　（２）質的研究　198
　３．社会福祉というシステム（領域論）における研究方法──社会科学と対話　200
　　（１）社会科学の解釈学的基底（パラダイム論）　201
　　（２）社会科学　202
　　（３）対話という方法　207

Ⅴ　方法の固有性と社会福祉学 …………………………………………………… 214
　１．"視るべきもの"から探究する（立場・関心・視点）　214
　２．ダーバールに駆り立てられる（動機）　214
　３．哲学・科学・対話の協働（方法）　215

Ⅵ　社会福祉の全体像と社会福祉学の全体像 …………………………………… 216
　１．社会福祉の全体像　216
　２．社会福祉学の全体像　217

Ⅶ　おわりに ………………………………………………………………………… 218

あとがき　223
事項索引　226
人名索引　230

第 1 章
社会福祉学を構築する言語
―― ダーバールとロゴスに基づく社会福祉学

I　はじめに

　数学，物理学，医学，経済学，法学，歴史学，文学（文芸学），そして哲学など，それぞれの学問は，対象の真理を表現するのに適した言語をもっている。数学や自然科学のように抽象的な数や記号を言語とする学問もあれば，文学（文芸学）や哲学のように言葉を言語とする学問もある。さらに，言語についていえば，私たちは言語を通して思考するのであり，言語は思考に大きな影響を及ぼす。それ故，社会福祉学を構想するのであれば，言語について考察することが不可欠である。

　こうした観点から社会福祉学の構想に関する先行研究を読み直すと，そこから2つの系譜（2つの言語）を抽出することができる。1つは，孝橋正一，岡村重夫，古川孝順らの社会福祉理論のように，社会福祉という対象を記述説明する理論的／技術的言語の系譜である。もう1つは，糸賀一雄，嶋田啓一郎（ただし，嶋田は社会福祉理論の系譜にも属する），阿部志郎，小倉襄二らの福祉思想のように，社会福祉とは何であるのか，その本質を端的に言い当てると同時に，その言葉に出会った者を行動へと駆り立て，あるいは，みずからの実践の支えとなるような思想的／文学的言語の系譜である。前者は社会福祉という営みの外部にある観察者の視点に立ち，そこから社会福祉を理解しようとする。これに対して後者は，社会福祉という対象の中にみずから身を置き，言い換えれば，社会福祉という営みをみずから経験し，その営みの当事者の視点から社会福祉を理解しようとする。

　古川が「戦後わが国の社会福祉学研究のメインストリームは，一貫して社会福祉学を社会科学として位置づけ，その学的体系化を模索してきたといっても過言ではない」（古川 1994：3）というように，社会福祉学は社会科学の1つとして構想されてきた。そのため，社会福祉学の構想は，理論的／技術的言語によって社会福祉理論という形で提示されている。そこにおいては，思想的／文学的言語を使った福祉思想は，社会福祉学の構想からは外された。

第 1 章　社会福祉学を構築する言語

　しかし，社会福祉学はなぜ社会科学として構想されなければならないのだろうか。例えば，フッサール（Husserl, Edmund）は，「十九世紀の後半には，近代人は世界観全体が，もっぱら実証科学によって徹底的に規定され，また実証科学に負う『繁栄』によって徹底的に眩惑されていたが，その徹底性たるや，真の人間性にとって決定的な意味をもつ問題から無関心に眼をそらせるほどのものであった」（Husserl＝1995：20）と指摘し，ガダマー（Gadamer, Hans-Georg）は，「科学〔＝学問〕が哲学に依存しないということは，……中略……科学が責任を喪失したということを意味している。……中略……科学が，〈人間の現存在の全体において，すなわち，特に，自らを自然や社会に適用する際に，自分自身が何を意味しているのか〉という点について弁明することもできず，またその必要性も感じていないという意味でそうなのである」（Gadamer＝1988：131）と述べている。

　「社会福祉学は科学である」と限定することによって，社会福祉学は，真の人間性にとって決定的な意味をもつ問題，例えば，倫理や正義，責任，心，あるいは神といったものから眼をそらしてこなかっただろうか。また，科学という思考に基づく社会福祉学の構想は，みずからがもたらした結果（心や価値の排除）について反省しその責任を問うことをしてきただろうか。少なくとも筆者には否定的な答えしか浮かばない。

　もはや，「社会福祉学は科学である」という前提から出発することはできない。社会福祉学を構想するのであれば，先行研究の遺産を継承しつつも，一旦は，学問を構築する原点に立ち返って始めなければならない。こうした考えに基づき探究を始める。

　フッサールが「真の方法というものは探求される事象の本性に追随すべきであって，もとよりわれわれの偏見やお手本に追随すべきでは決してない」（Husserl＝1969：48）というように，学問においては，その対象に即した方法が採用される。これが原則である。この原則を踏まえた時，「社会科学は社会福祉という対象に即した方法なのだろうか」という問いが提出される。答えは，「社会福祉という対象に即した方法として社会科学は必要である。しかし，そ

れだけでは十分ではない」というものであろう。なぜなら，社会福祉という対象には，価値や価値を生み出す超越的なもの，あるいは感情といったものがあるが，社会科学だけでは，これらについて明らかにすることができないからである。すなわち，社会福祉学を構築していく上で社会科学は必要条件であるが，十分条件ではない。

あくまで，「社会福祉という対象に即して」，そして「その対象の真理を明らかにする方法」という原則から提起されるのが，社会福祉学は社会科学による理論的／技術的言語だけではなく，哲学，宗教，文学あるいは当事者の体験といった思想的／文学的言語によって構築される，という考えである。

この章ではこの考えを出発点として，これまで社会福祉学の構想から排除され考察されることがなかった思想的／文学的言語（以下では思想的言語と文学的言語とに分ける）に焦点を当てて考察を行う。この考察を通して，社会福祉学を構築するために必要とされる「言語」を明らかにすることが本章の目的である。

まず第Ⅱ節では，予備的考察として，学知と社会福祉および社会福祉学の意味を確認する。次に第Ⅲ節では，先行研究における思想的言語と文学的言語を分析し，そこには，①人の生が表現される言葉，②人と人との間で発せられる言葉，③神と人との間で聴かれる言葉という3種類の言葉があること，そして，これらの言葉の中には霊的次元に属するものがあることを明らかにする。続く第Ⅳ節では，私たちが生きている世界は言語によって構成されていることを確認し，その後，言語によって生まれる「意味」を理解する方法として，主としてガダマーの解釈（理解）の理論を取り上げる。第Ⅴ節ではガダマーの解釈の理論を使い，第Ⅲ節で明らかにした①から③の言葉は，いのちの言葉，根源語，始源語と呼ばれる言葉であり，その根底はダーバールという言語＝行為＝出来事であることを明らかにする。そしてこうした考察から，社会福祉学を構築していくためには，ロゴスとダーバールという質的に異なる2つの言語が必要であるという考えを提示する。

ここまでの考察は，「先行研究における言語→①から③の言葉→いのちの言

葉，根源語，始源語と呼ばれる言葉→ダーバールとロゴス」という，より根源的な言語へと遡行する過程である．これ以降の考察は，ダーバールとロゴスという根源にある言語から社会福祉学を構築していく過程となる．

第Ⅵ節では「社会福祉学を構築していくためにはロゴスとダーバールという質的に異なる2つの言語が必要である」という考えを受けて，まず，ダーバールとロゴスの本質や働きを整理する．そして社会福祉学は，ダーバールとロゴスを根底に置きつつも，思想的言語，文学的言語，理論的言語，技術的言語という4種類の言語によって構築されることを示す．次に第Ⅶ節では，社会福祉学を構築する上でのダーバールとロゴスの役割を確認した上で，社会福祉学を構成する4つの言語の具体的な内容を示す．ここまでの考察により，「社会福祉学を構築する上で必要な言語を明らかにする」という本章の目的を達成する．最後の第Ⅷ節では，ダーバールとロゴスを用いる人間の知的能力について明らかにした後，ダーバールとロゴスを根底において構築される社会福祉学の概略を示す．

Ⅱ 社会福祉学の意味

1．学知とは何か

学知は英語であればscience，ドイツ語であれば，Wissenschaftである．scienceの語源であるラテン語のscientiaは知識を意味し，Wissenschaftのwissenも知識を意味する．こうした語源が示すことは，学知は知識の一種ということである．しかし，学知は単なる知識ではない．学の説明に「一つの全体に系統づけられ，組織づけられた知識」（粟田・古在編 1979：33）とあるように，学知とは体系化された知識を意味する．

語源や辞典により確認された学知の理解を深めるために，知識とは何か，体系化とはどのような意味であるのかを確認する．

（１）知識の定義

「知識とは正当化された真なる信念（justified true belief）である」というのが知識の標準的な定義（必要十分条件）である（野家 1998：1061，門脇 1996：29）。分かり難いので，Aさんが"しかじか"ということを知っているという場面を想定する。この場合，Aさんがあることについての知識があるといえるのは，

①Aさんはあることについて，"しかじか"と強く思っている（Aさんは"しかじか"と信じている）。
②実際に"しかじか"である（Aさんの信念は真である）。
③Aさんは"しかじか"と思うに足る理由がある（Aさんの信念は正当化されている）。

という3つの条件を満たす時である（戸田山 2002：3）。すなわち，この3つの条件を表しているのが，先の知識の定義である。

このように知識とは，自分が思っていること（信念）が偽りではなく真であり，かつ，そう思うに足りる理由（根拠）があるものである。

（２）体系化

知識の体系化における最も基本的な在り方が論証である。論証とは，ある確実な前提（知識）から推論を経て結論を導くものである。主な推論には演繹的推論や帰納的推論がある。

演繹的推論とは，一般的・普遍的な命題や法則を前提として，論理的に必然となる個別または特殊事象を導出する推論方法である。これに対して，帰納的推論とは，個々の個別または特殊事象に基づいて，共通する一般的・普遍的命題や法則（あるいは別の個別または特殊事象）を導出する推論方法である。

学知における体系化は，基本的には論証といった方法によってもたらされる。

（３）学知の定義

上記の考察に基づくならば，「学知とは，前提となる知（真なる知＝真理）

→推論→新たに得られた確実な知(真理)といった体系(論証という体系)をもった知識」と定義することができる。この意味でいえば，学知とは論証知といえる。

　この定義は，自然科学，社会科学，人文科学といった科学に限らず，文学，哲学，神学にも適応できる幅広い定義といえる。しかしながら，社会福祉学には科学という側面がある。こうした側面を踏まえるならば，学問の定義をもう少し限定することができる。

　掛谷は学問について論じる中で「人文科学・社会科学・自然科学のように，科学として位置づけられる学問については，何らかの意味で予測力をもつ知識体系である」(掛谷 2005：23) と述べている。社会福祉学は確かに，経済学，政治学，社会学と同様に社会科学という側面をもっている。それが故に，掛谷が指摘する「予測力をもつ」という特質も持ち合わせる必要がある。

　これらのことを踏まえるならば，「社会福祉学における学知とは，前提となる知(真なる知＝真理)→推論→新たに得られた確実な知(真理)といった体系(論証という体系)をもち，そこには予測する力が含まれた知識である」と定義することができる。

　なお，ここでは学知を論証知と捉えた。しかし，論証知は人間の知的能力の1つに過ぎない。本章の第Ⅷ節において，社会福祉学は，知性―理性(論証知)―感性という3つの能力によって構築されることを示す。

2．社会福祉学とは何か

(1) 社会福祉の意味

　社会福祉の意味を理解するために，この言葉を社会―社会福祉―福祉の3つの言葉に分けて考えてみる。

　まず社会とは，大澤(2012-a：559，2012-b：576) の見解を参考にして述べれば，①私の世界と他者の世界という解消不可能な差異があることを背景に，②個人と個人との間における関係行為(コミュニケーション)により，③個人

には還元できない「意味」を伴った固有の秩序（関係性）として現象している事態を意味する。こうした社会の在り方（時代）が積み重ねられ歴史が形成される。すなわち，社会は「歴史」という大きな流れの中にある。この認識，そして人間は歴史の中にいる有限な存在という理解は，本章の前提をなす重要な認識である。

　次に社会福祉であるが，これは社会の一部の営みである。それ故，社会福祉にも「個人には還元できない「意味」を伴った固有の秩序（関係性）」がある。その固有な秩序（関係性）を探究するのが社会福祉学の最も本質的な課題といえるが，ここでは，それを「支える／支え合うという関係性」と暫定的に捉えておく。ここから社会福祉とは，何らかの理由で自力および家族の力では生活することが困難な人たちの生活を支える（保障する）と同時に，社会の中に支え合いの仕組みを創り出す仕組み（制度）および活動の総体と理解することができる。

　そして福祉とは，実際に存在している社会福祉という営みが，実現を目指す状態（理念）を意味する。その状態は抽象的にいえば，一人ひとりの福祉や支え合いの社会であるが，その内容（水準）は時代や社会によって異なる。

　これらの意味を考え合わせると，「社会福祉とは，ある社会そして歴史の中で行われる，何らかの理由で自力および家族の力では生活することが困難な人たちの生活を支える（保障する）と同時に，社会の中に支え合いの仕組みを創り出す仕組み（制度）および活動の総体である。それは，一人ひとりの福祉や支え合いの社会の実現を目指している営みである」と理解できる。

（2）社会福祉学の意味

　いま確認した社会福祉を対象とした学知が社会福祉学である。この社会福祉学は，社会福祉に関する前提となる知（真なる知＝真理あるいは公理）から，様々な推論（演繹と帰納，仮設―検証など）を用いることにより得られた知（真理）の体系を意味する。そしてそれは，みずからが明らかにした社会福祉という営みの背景にある規則性を根拠に，予測する力をもった知識といえる。

Ⅲ 先行研究における思想的言語と文学的言語の分析

1．思想的言語の記述

（1）思想的言語の意味と必要性

❶思想的言語の意味

　思想と似た言葉に哲学がある。明確な区別があるわけではない。思想は『大辞林』によれば，「単なる直観の内容に論理的な反省を施して得られた，まとまった体系的な思考内容」とあり，『岩波哲学小辞典』によれば，「個々の観念や理論ではなく，人生や社会についての一つの全体的な思考の体系および態度」（粟田・古在編 1979：94）とある。一方，哲学とは，その人にとって切実な問いや考え抜いてみたい問いを，根源から徹底的に考え抜くことである。

　これらの考えに基づくならば，哲学は「問い考える営み」であるのに対して，思想は「哲学をした結果得られた体系的な思考内容」と区別することができる。そのためここでは，「思想とは，問い考えた結果として分かった世界の見方や考え方，あるいは大切なことを体系的に示したもの」と捉える。そして，思想的言語とは，そうした思想やその一端を表している言語と捉える。

❷社会福祉と思想

　いつの時代・社会にも，社会がもつ論理から排除／拒否された人たちがいる。柴田は，社会福祉は拒否を生み出した社会の論理に対するプロテストである，と述べている（柴田 1979＝2011：422）。社会には様々な論理がある。例えば，人間と動物を区別する基準としてしばしば用いられる「人間は理性的存在である」という論理，近現代社会の原則とされる「自分の生活は自分で責任をもつ」という論理，そして，経済的（所得や資産），文化的（学歴や教養），象徴的（価値があるとされること）な資本を極めて不平等に分配する論理などがある。

社会福祉はこうした論理により排除／拒否された人たちと関わるが故に，そこにある論理にプロテスト（抗議）し，その論理の妥当性を問い考える。その中から大切なこと（価値）への気づきがもたらされ，その価値を根底においた論理が生み出される。そして，こうした問い考える中から福祉の思想が生まれる。糸賀が「福祉の実践は，その根底に，福祉の思想をもっている」（糸賀 1968：64）というように，社会福祉という営みは福祉の思想を根底に構築され展開していく。それ故，社会福祉の実践者および研究者によって思想的言語が語られてきた。次にその内容を確認する。

（２）実践者による思想的言語

❶糸賀一雄
　糸賀は，知的障がい児・者と共に生きるという実践を通して，「いつのまにか私たち自身のこの子たちをみる目の変革を経験させられてきたように思う」（糸賀 1968：10）という。この変革を象徴的に言い表しているのが「『この子らに世の光を』あててやろうというあわれみの政策を求めているのではなく，この子らが自ら輝く素材そのものであるから，いよいよみがきをかけて輝かそうというのである。『この子らを世の光に』である」（糸賀 1968：177）という言葉である。糸賀は知的障がいがある人たちの中に「光」を見出した。そして，次のように述べている。

> 「『世の光』というのは聖書の言葉であるが，私はこの言葉のなかに，『精神薄弱といわれる人たちを世の光たらしめることが学園の仕事である。精神薄弱な人たち自身の真実な生き方が世の光となるのであって，それを助ける私たち自身や世の中の人々が，かえって人間の生命の真実に目覚め救われるのだ』という願いと思いをこめている。近江学園二十年の歩みとは，このことを肌身に感じ，確め，さらに深く味わってきた歩みといえるのである」（糸賀 1982：172）

「謙虚な心情に支えられた精神薄弱な人びとのあゆみは，どんなに遅々としていても，その存在そのものから世の中を明るくする光がでるのである。単純に私たちはそう考える。精神薄弱な人びとが放つ光は，まだ世を照らしてはいない。世の中にきらめいている目もくらむような文明の光輝のまえに，この人びとの放つ光は，あれどもなきがごとく，押しつぶされている。……中略……しかし私たちは，この人たちの放つ光を光としてうけとめる人びとの数を，この世にふやしてきた。異質な光をしっかりとみとめる人びとが，次第に多くなりつつある。人間のほんとうの平等と自由は，この光を光としてお互いに認めあうところにはじめて成り立つということにも，少しずつ気づきはじめてきた」（糸賀 1982：143-144）

　糸賀は，「世の光」は聖書の言葉であると述べている。聖書における「世の光」とは，「小さくされている者」たちの働きを表すために使われる言葉である（本田 2010：95）。ここでいう「小さくされた者」とは，「だれよりも抑圧された貧しい人々のこと」（本田 2010：6）である。そして，本田が「神が働くのは，わたしをとおしてではなく，やはりいちばん小さくされた仲間たちをとおしてなのだ」（本田 2010：13）というように，「小さくされている者」たちの働きとは，神の働きである。
　糸賀が「この子らを世の光に」といった頃，知的障がいがある人たちは，教育や就労の機会は保障されず，差別偏見により抑圧されていた。すなわち，小さくされていた。糸賀は，小さくされていた知的障がいがある人たちの中に「光」と表現するものを感じた。それは，人間の生命の真実に目覚めさせるような働き（糸賀 1982：172）であり，誰と取り替えることもできない個性的な自己実現（人格発達）をして行こうとする働き（糸賀 1968：177）である。糸賀がそれを神の働きと理解したか否かは分からない。しかし，糸賀は聖書の「世の光」という言葉を用いたくなる"働き"を感じ取っていた。
　糸賀の「この子らを世の光に」という言葉は，「この子らに世の光を」とは違った人間理解や価値観が表現されている思想的言語である。

❷阿部志郎

阿部の福祉思想を端的に表していると思われる文章を3つ引用する。

「人間を個別的存在（individuality）としてではなく，あくまで人格（persona）として理解することから社会事業は出発する。人間を経済・労働価値においてではなく，人格価値において，すなわち，存在そのものにおいて評価する人間観に立ち，人格価値の発揚が妨げられている人間への主体的応答――〈実践〉――が社会事業なのである（強調は原文）」（阿部 2011：124）

「人間は一人，二人と数えられる個別的存在であるが，同時に何をもっても代えることのできない人格存在なのだ。人間は『神の像(かたち)』（ペルソナ）だから，一人の人間が全体のためになくてはならない存在で，ひとりを失うと全体が傷つくほどの尊厳をもつ」（阿部 1997：25-26）

「『ひとり』の人格を重んじなければ，真の『集団』は形成されない。共同社会(コミュニティ)とは，人格が支え合い，重荷を共に分かち合うことである」（阿部 1997：26）

これらの文章に示されていることは，「人間は単なる個人ではなく，人格存在である」という人間理解であり，「ひとりの人格を大切にする」という価値観である。「人格」はこうした人間理解や価値観を表現している思想的言語である。

それともう1つ，阿部の思想的言語には，先覚者やみずからの経験に基づき，感情ないし生を表す言葉が使われている。例えば，主著である『福祉の哲学』は「テストウィド神父が東海道を徒歩で布教している途中，御殿場あたりで，30歳位の夫に捨てられた女性が水車小屋の片隅にあるわら屑のなかで呻(うめ)いている様子をみて心を痛めた」（阿部 1997：2）という記述から始まっている。

また，同書の中には，「『夜中ふと目がさめると，骨を刺し心の凍る淋しさで，とても耐えられません』と語ったひとり暮らしの老女の衝撃的な言葉は，30年たっても私の脳裏を離れない」(阿部 1997：63) という記述もある。阿部が書き示しているものは，私たち人間の生の諸相であり，それを表す言葉である。

アンリ (Henry, Michel) は『野蛮——科学主義の独裁と文化の危機』において，科学の知だけが学知であると考える科学主義のイデオロギーが，人文・社会科学の分野にまで浸透し，人間の学を脅かし続けていることを批判する。そして，その著書の日本語版序文で次のように述べている。

> 「ガリレイが，人によって異なる感性的諸性質を退けたとき，いっしょに彼は，われわれの人間性をなしているものをも，すなわち，われわれの感性や情念や欲望——要するにわれわれの生をも，除き去った」(Henry = 1990：vi)

阿部の言葉は，科学主義のイデオロギーに侵食されていない経験から生まれる言葉であり，それは，人間の気持ち(思いや願い)や人間性といった「大切なもの」を表現している。それらも思想的言語と言い得るものである。

(3) 研究者による思想的言語

❶小倉襄二

小倉は「視るべきものを視よ」という(小倉 1996：34-35)。これは，「虐げられ，抑圧されている人たちの前に立ち，その現実を，そしてそこから現実を，視よ」というメッセージである。小倉は，視るべきものを視て，そこで出会った現実を思想的言語によって表現する。

例えば，障がい児をかかえた親たちの現実を「私たちが死んだらという痛哭には，差別と抑圧と疎外の歴史の重層性が一人ひとりの親と子の生の現実に凝結している」(小倉 1983：30)と表現する。「私たちが死んだら」という言葉は，

障がい児をかかえた親から聞かれる言葉である。小倉はそこに「痛哭」という言葉で表現される親たちの気持ちを感じ取る。そしてその言葉を通して,一人ひとりの親と子の生の現実には,差別と抑圧と疎外の歴史が幾つも折り重なっていることを看破する。

また,小倉は「三十余年,決して風化を許さずいまこそ水俣病を語れという著者のこの"見てしまった者の責任"というコトバは痛烈で重い。これこそ,福祉の領域,その現場にかかわるものへのメッセージである」(小倉 1996:279) という。ここには権利を要求する権利思想とは違った,責任を軸とする思想の一端が示されている。

小倉の言葉には,私たちの関心や視線を,抽象的／表面的なところではなく,現実そのものに向け変えるように促す力がある。こうした力によって,私たちの世界の見方や考え方が変わり,例えば,"責任"といった大切なことに気づく。小倉の言葉は,そのような力をもった思想的言語である。

❷嶋田啓一郎

嶋田は阿部と同様に,人間を人格存在と理解し,人格を最も大切な価値とする。そして,社会福祉の目的を「全人的人間の統一的人格を確保し,以って基本的人権を確立」(嶋田 1980:3) と表現する。また,「『私と汝』との根源的な責任応答性のなかで,初めて人格的意味を帯びるのである」(嶋田 1999:10) と指摘する。

嶋田は,「価値観を差し控えがちな日本の社会福祉理論」(嶋田 1999:10) にあって,一貫して社会福祉理論における価値の重要性を主張してきた。嶋田の言葉は,単なる事実と論理によって構成される社会福祉ではなく,人格や責任応答性という"大切なもの"を軸にした社会福祉を表現している。その言葉は,問い考えた結果,これだけは決して見失ってはならないものを表現している思想的言語である。

２．文学的言語の記述

（１）文学的言語の意味と必要性

❶文学的言語の意味

　文学は，社会からはじき出された人たちが慰めや共感のメッセージを見出すことができるテクストである（内田 2007：145）。また，言葉がそこへ至りたいと欲望しつつも決して到達できない特異性（名づけえぬもの）は，いつも密かに呼びかけているが，文学はそれに応答する。応答しつつ呼びかける言葉になる（湯浅 2008：155）。言い換えれば，文学は，人間にとって大切であるにもかかわらずうまく言葉に表せないもの（例えば人生のかけがえのなさ）を感じ，そこにある声なき声，呼びかけ，無数の無念の思い，ざわめき，呻きを聴き取り，それ自身に語らせるかのように，それを言葉（文学作品）にする。人はその作品を通して，排除／忘却されていたもの，感じてはいたがうまく言葉にできなかったもの，見ていたにもかかわらず見えていなかったものを理解する。こうしたことを可能にする言語をここでは文学的言語と捉える。

❷社会福祉と文学

　いつの時代・社会でもその時代・社会を支配する力（権力）があり，その力（権力）がそれぞれの世界を覆い（全体化し），そこから排除される者を生み出す。また，言語は物事に表現と意味を与え一般化するが，同時に個別で特異な経験を取り逃し忘却させる。そして，それぞれの人の経験は私という意識によって覆われ（全体化され），私以外の者（他者）は私の世界の登場人物に格下げされてしまう。

　社会福祉は，社会に働く全体化／排除の力によって"人としての暮らしが困難になった人びと"に対して，その"かけがえのない一人ひとり"の生活／人生に向き合い，そこにある呼びかけ，声なき声に応える営みである。同様に文学も，社会の中で働いている排除の力や，言語による一般化の力に抗し，排除・

忘却されたものに言葉を与える営みである。

　社会福祉にしても文学にしても，排除／忘却されたものに応えようとする営みという点では同じである。ただし，社会福祉は制度や活動によって，それらのものに応えようとするが，応えるべきものに気づかないことがある。そこを補い，応えるべきものに気づかせてくれるのが文学である。それ故，文学は社会福祉にとって不可欠な営みなのである。

　文学的言語は，社会福祉の研究者によって見出され，また，文学者（作家）によって語られてきた。しかし，それだけではない。困難な状況・絶望的な状況の中にいる当事者が発する文学的言語もある。次にその内容を確認する。

（2）研究者によって見出される文学的言語
　小倉は「私には『文学と福祉』といった領域にも関心がある」（小倉 1983：29）といい，様々な文学作品を取り上げている。高橋たか子の『記憶の冥さ』の文章を引用し"人間の孤独の相"に目を向け（小倉 1996：23-24），色川大吉の『ある昭和史』の文章を引用しては，歴史の中で誰にも顧みられないような巷で暮らす庶民に目を向ける（小倉 1983：57）。そして児玉隆也の『一銭五厘たちの横丁』を取り上げては「一銭五厘のハガキで，人々のくらしの匂いの立ちこめる横丁から硝煙の戦場におくりこんで抹殺した国家権力，その爪牙にくわえこまれた市民の，民衆のコトバにもならぬくやしさや，かなしみへの共感と感動が児玉氏とともにわかってくる」（小倉 1981：104）と書き記す。

　小倉は"視るべきものを視よ"という言葉を使って，社会福祉学が視なければならない現実や人間の隠れた側面があることを指摘した（小倉 1996：31-36）。また，なだいなだの『人間，この非人間的なもの』にある「私たちの思考には，想像力による再現によって現実に近づき，逆に抽象化によって，現実からとおざかろうとする性質がある」という文章を引用し（小倉 1981：87），想像力が現実に近づく可能性を秘めていることを示唆している。

　小倉が引用する文学的言語は，一貫して社会福祉学が視るべきもの，視るべき現実を表現している。小倉は，隠れ見え難くなっているが，社会福祉学が視

第1章　社会福祉学を構築する言語

なければならない現実や人間の側面を，文学的言語により表現している。

（3）文学者（作家）によって語られる文学的言語

❶ラルフ・ウォルド・エリスン『見えない人間』
　——民主主義下における主体の形成

　この物語の冒頭は，「僕は見えない人間である。かといって，エドガー・アラン・ポーにつきまとった亡霊のたぐいではない……中略……僕は実体を備えた人間だ。……中略……それに,心さえ持っていると言っていいかもしれない。僕の姿が見えないのは,単に人が僕を見ないだけのことだから,その点を分かってほしい」（Ellison＝2004-a：9）で始まる。これは回想であり，文中に「結末は始まりの中にあり」（Ellison＝2004-a：12）とあるように,この物語は,「始め」に「結末」が接続されているような円環構造をもっている。

　物語の最後，暴動から逃げる途中，主人公はマンホールに落ち，そこで暮らすようになる。地下の"穴ぐら"で暮らす主人公はエピローグで，「アメリカはさまざまな糸が織り込まれて，できている。僕にはそれらの糸が分かるのだから，そのままにしておこう。……中略……人生は生きるためにあるのであって，管理されるためにあるのではない」（Ellison＝2004-b：400）という。そして，「この穴を出ようと思う。ここを去っても，皮膚がないとやはり人にはみえないかもしれないが,それでも出ていこう。……中略……見えない人間だって，社会的な責任として果たす役割があるかもしれないのだから」（Ellison＝2004-b：406）と決意し，物語は幕を閉じる。

　この作品は，作者自身がいうように「人間の条件を告発する人」（Ellison＝2004-b：422）の声に衝き動かされて書かれたものである。その内容は，数々の史料やデータがすくい落とした歴史の間隙に光を当てると同時に，人間の条件を告発する内容となっている。また，同じ人間として認められず，それ故，人間としての対応／反応をされず，物のように扱われていた黒人の存在，そのような形で社会から排除されていた当時の黒人の姿を描いている。

"歴史"として語られている史料やデータは，歴史の上辺であり，多くの場合，それぞれの時代の権力者を軸に理解された歴史である。しかし，本当に起こったこと／あった歴史の中には，人間として認められず，人間として生きることが叶わなかった無数の生，数に還元できないかけがえのない生があった。『見えない人間』はそうした生を露わにすると同時に，民主主義社会を形成する人間の条件を告発する文学的言語によって書かれている。

❷マルセル・プルースト『失われた時を求めて』
　──「時」を刻む一人ひとりの生
　文学を目指しながら，自分の才能に自信がもてない語り手が主人公である。この語り手である私の主観（意識）によって描かれた世界が作品となっている。そこでは，子どもの頃の回想，その時に経験したマドレーヌを紅茶に浸した時にふと蘇った幸福感（稀有な充実感），他人から聞いた恋の物語，語り手自身の恋愛や同性愛，サロンで繰り広げられる社交界の様子，そこで観察されるスノビズム（自分が入れない階級や地位を羨ましく思う心）やドレフュス事件（フランスで起きたユダヤ人であるドレフュスに対する冤罪事件）に対する人々の反応，絵画・音楽に対する見解などが語られている。最後には，マドレーヌを紅茶に浸した時にふと蘇った幸福感の謎が，"過去が現在に食い込み，いまなのか過去なのかが分からない時" として解明され（Proust＝2007：374-375），そのような「時」を描くことに小説を書く根拠を見出す。また，目に見えない時間を，長い歳月を隔てて変貌した老残の姿を通して見えるようにする。このようにして語り手である主人公は "失われた時" を見出す。そして，語り手はこれから作品にとりかかり，そこに「時」の刻印を押すことを決意してこの小説は終わる。

　『失われた時を求めて』という作品が教えてくれることは，「時」が刻まれた存在として人間を理解するという視点である。人には，これまでの人生を振り返ると，彼と人とを結びつけた何本もの「神秘的な糸」が絡み合うように交差していて，その糸が彼の人生の多彩な絵模様を織り上げている（保苅 2010：

第1章　社会福祉学を構築する言語

271-272)。そして，その絵模様が記憶として蓄積されている。それが人の生であり，「時」が刻まれた人間である。

　人間は時間の中を生きている。これは現実である。にもかかわらず，見失ってしまっているのが時間（時）である。『失われた時を求めて』という作品の文学的言語が露わにしているのが，「見失われた時」である。実際に生きている，あるいは生きた人間の生は「時」と共にあり，人間は「時」が刻まれた存在である。この当たり前の事実を，『失われた時を求めて』における文学的言語は気づかせてくれる。

❸ワシーリー・グロスマン『人生と運命』――人が生きるということ
　本作品は，第二次世界大戦で最大の激闘であったスターリングラード攻防戦と物理学者ヴィクトルの人生を軸にし，そこにドイツの捕虜収容所やユダヤ人移送列車からガス室の記述も含め展開する叙事詩的歴史小説である。作品中には幾つもの場面が登場する。その登場人物は他の場面の登場人物と関係ある人（例えば，母と子，元夫，恋人）であるが，多くの場合，それらは交錯することなく物語は展開する。

　この作品は，戦争や全体主義体制など，この上ない困難な状況下において"人が生きるということ，その困難さと可能性"が描かれている。その可能性の中で示されているのが，善と区別された"小さな善意"である。

　ドイツの捕虜収容所にいたイワンニコフは，絶滅収容所の建設作業に出ることを拒否し射殺（処刑）されたが（Гроссман＝2012：337)，彼はなぐり書きの紙を遺していた。そこではまず，善と善意が区別される。善の観念はキリスト教，仏教，イスラム教，ユダヤ教における善，さらにキリスト教でもカトリック，プロテスタント，正教の善，さらに正教でも旧教派と新教派の善と細分化される。それと並んで，黄色人，黒人，白人の善が生まれる。このように善は細分化に細分化を重ね，その善が悪と見なすすべてのものとの闘いの中で多くの血が流されてきた。個別の善のために戦う者はその善に普遍性の外見を与え，闘いを正当化する（Гроссман＝2012：133-137)。このように善を捉えた上で，

この善と区別される善意についてイワンニコフは次のように書き記す。

「……中略……ところが，普通の人々は，生物に対する愛情を心のうちにもっているし，自然に無意識のうちに命を愛し，憐れんでいる。……中略……

　大きな恐ろしい善以外に，日常的で人間的な善意が存在する。それは，捕虜に一切れのパンを持ってきた老婆の善意，傷ついた敵に水筒から水を飲ませた兵士の善意である。それは，老人を憐れむ若者の善意であり，ユダヤ人の老人を干草置き場に匿った農民の善意である。それは，自らの自由の危険を冒しながら，捕虜や囚人の手紙を，信条を同じくする同志にではなく，彼らの母親や妻に渡す警備隊員の善意である。

　それは，個々の人間の個々の人間に対する個人的な善意であり，証人のいない善意，ささやかな，なんの思惑もない善意である。それを意味のない善意と呼ぶこともできる。宗教的，社会的善の外にある人々の善意である。

　……中略……この恐怖と狂気の時代に，意味がなく憐れにさえみえる善意は，ラジウムの小さい粒のように人生のあちらこちらに点在し，消えてなくなることはなかった。……中略……善意の力は物言わぬ人間の心のうちにある。

　……中略……人が善意を力に変えようと望むとただちに，それは自己を見失い，光彩を失い，色あせ消えてしまう。

　……中略……神の中に，自然の中に，善を見つけることに絶望した私は，善意にも絶望するようになった。

　しかし，より広く，より大きくファシズムの闇が私の前に広がっていけばいくほど，私にははっきりと見えてきた——人間的なものは，血まみれの粘土質の墓穴の縁でも，ガス室の入口でも，人々の中に根強く生き続けている」（Гроссман＝2012：138-141）

科学を志向する社会福祉学においては，「福祉の心」として表現されるような"小さな善意"は主観的・非科学的なものと捉えられ，顧みられることはほとんどない。また，ソーシャルワークにおいても大切なことは専門的な価値（善）とされ，"小さな善意"は善（価値）に取って代わられることで隠れてしまっている。

このように隠されてしまっている真に大切なこと（小さな善意）を『人生と運命』の文学的言語は示している。

（4）当事者による文学的言語

文学的言語を語るのは作家だけではない。排除・抑圧された人びとの言葉や声自体が文学的言語である。それは次のような言葉や声である。

❶虐待の中にある激しい叫び

2010年7月30日午前1時27分，大阪市西区のワンルームマンションで「3階の部屋から異臭がする」と110番があった。現地に消防車や救急車計6台が到着した。

> 「レスキュー隊員2人は3階の一室にはしごをかけてベランダに入った。カップ麺の容器，ジュースのパック，スナック菓子の袋……。真っ暗な室内もゴミが山積みに。真ん中だけ，わずかに床が見えた。懐中電灯で照らすと，一部がミイラ化した全裸の幼児2人が寄り添うように倒れていた。玄関や窓は閉め切られ，エアコンも稼働していなかった」（朝日新聞2010年8月22日1面）

児童相談所「大阪市こども相談センター」に虐待を疑う通報が3回寄せられていた。最初の通報は3月30日，「夜中にインターホンを使って『ママー，ママー』と長時間叫んでいる」というものだった。母親に置き去りにされた長女（3歳）と長男（1歳）がインターホンを通じて室外に助けを求めていたとみられる。

警察にも通報はあった。5月18日早朝,「激しく泣き叫ぶ子どもの声が聞こえる」と110番があり，警察官が同日，2度にわたって聞き込みをしたという。
　幼い子どもは必死にインターホン越しに助けを求めていた。飢えと渇き，極度の不安と絶望が激しい叫びとなって発せられていた。その叫びが住民に届き，児童相談所という専門機関にも届いていた。児童相談所は児童虐待ホットラインの通報を受け，2010年3月31日，4月1日，2日には職員がマンションを訪問し，入り口のインターホンを押したが返事はなかった（杉山 2013：38-39）。さらに，4月9日，5月18日には職員はマンションに入り部屋の前まで行き，チャイムを鳴らしたが応答はなかった。また，職員は耳をドアに押し当てて，扉の向こう側に聞き耳を立てたが静まりかえっており，気になる臭いもなかった（杉山 2013：44，52）。
　児童相談所は目に見える具体的で緊急度の高い通報・連絡への対応に追われている（杉山 2013：53-54）。そうした状況の中，幼い2人の叫びは，児童相談所の職員に届かなかった。2人の叫びに応えられなかった。

❷いじめにより大人になることができなかった子の願い

　「家の人へそして友達へ。突然姿を消して申し訳ありません。くわしい事についてはAとかBとかにきけばわかると思う。僕だって，まだ死にたくない。だけど，このままじゃ『生きジゴク』になっちゃうよ。ただ僕が死んだからって他のヤツが犠牲になったんじゃいみないじゃないか。だからもう君たちもバカな事をするのはやめてくれ，最後のお願いだ。昭和61年2月1日　鹿川裕史」（武田 2004：20）

❸知的能力と視力に障がいがある子どもの母親の声
　娘よ，私はあなたより一日だけ長くいきたい。

　「娘が成長して親亡き後，収容施設で，聴覚障害がある為に，仲間から離

れて一人ポツン。職員に対しても，自分の気持ちが伝わらず，それが乱暴や病につながり，精神病院へ送られる。――こんな夢をみては枕をぬらします。肢体不自由や心身障害者の施設はありますが，娘には，聴覚障害者の為の施設があればと思います。障害者だけが集まった隔離状態はよくないという意見を耳にしますが，親として知恵おくれをあわせ持つ娘を，日本の貧しい（心）社会に置きざりにしたくはありません」（山本 1998：174-175）

　親となった者が，最も避けたい経験が「子どもが自分より先に亡くなること」である。しかしながらこのお母さんは，親として最も避けたい経験を，せめてもの願いとしている。

　人間にとって大切であるにもかかわらずうまく言葉にできないものを感じ，そこにある声なき声，呼びかけ，無数の無念の思い，ざわめき，呻きを聴き取り，それ自身に語らせるのが文学的言語である。
　虐待で亡くなった幼い子の叫び，いじめが故にみずからいのちを絶つことを決意せざるを得なかった子どもの願い，障がいがあるお子さんをもったお母さんの言葉がある。これらは排除／抑圧された人たちの生が刻まれた文学的言語である。

3．分析・考察

　先行研究における思想的言語と文学的言語を，そこで表現されている言葉の種類と，それらの言葉が語られる視点と次元に分け，分析・考察する。

（1）言葉の種類
　思想的言語と文学的言語を分析すると，そこには次の3つの種類の言葉を抽出できる。

❶人の生が表現される言葉

　阿部は「人間観というものが，やはり福祉の原点なのでしょうね」（大内 2006：38），「いまの福祉が直面しなければならない最大の難関は，人間観にあると思っています」（大内 2006：49）という。そして，秋山（1982：17）は「『人間』とは何か，『人間』をいかに見るかは，社会福祉の生命線である」と指摘している。

　では，社会福祉学は人間をどのように理解してきただろうか。これまでの社会福祉研究は，2つの系譜の中で人間を理解してきた。1つは，福祉サービスの対象あるいは生活を営んでいる生活主体者と捉える系譜である。もう1つは，人格，権利，尊厳といった価値ある存在と捉える系譜である。前者が事実認識であるとするならば，後者は価値認識に基づく人間理解である。これらはともに対象化された人間を外側から表現しているという点では共通している。

　しかし，社会福祉学が中核に据えるべきは，人間を外側からではなく内側から，すなわち，「人間を一人ひとりに立ち現れている世界，一人ひとりが実際に生きている世界」と捉える人間理解である。なぜなら，その世界こそが，一人ひとりが生きている現実だからである。この現実こそが，社会福祉学を構成する基礎単位といえるであろう。

　主として文学的言語によって表現されているのが，この一人ひとりが生きている／生きていた実際の世界であり，そこにある願いや叫びである。その世界は見えているのに無視されたり，無名であるが故に顧みられることがなかったりする。また，言葉で伝えることができないが故に理解されることが難しい世界だったりする。文学的言語は，こうした人たちの生を表現しているのである。

❷人と人との間で発せられる言葉

　阿部は「人格価値の発揚が妨げられている人間への主体的応答──〈実践〉──が社会事業なのである」（阿部 2011：124）といい，嶋田は「『私と汝』との根源的な責任応答性のなかで，初めて人格的意味を帯びるのである」（嶋田 1999：10）と述べている。ここには，私と汝の間にある「責任応答性」と，そ

の応答の中で意味を帯びてくる「人格」という言葉が使われている。この2つは物事や対象を記述説明する言葉ではない。そうではなく，人と人との間，より正確にいうと，この私と他者（汝）との間で発せられる言葉である。

　社会福祉を対象化した時，その営みをしている一人ひとりは個人と捉えられる。しかし，社会福祉という営みをしている人の視点に立った時，私が関わる人は個人であると同時に，他の人とは代替不可能な"かけがえのないこの人"という人格性を帯びた存在として立ち現れる。そして，呼びかけてくる存在であり，その呼びかけに応えなければならないという責任を感じさせる存在として立ち現れる。

　嶋田や阿部が使う「人格」や「責任応答性」という思想的言語は，人と人との間で発せられる言葉なのである。

❸神と人との間で聴かれる言葉

　阿部は「人間は一人，二人と数えられる個別的存在であるが，同時に何ものをもっても代えることのできない人格存在なのだ」（阿部 1997：25）という。阿部にしても嶋田にしても，思想的言語を語る者は人間を人格と表現する。では，人格（人格存在）とはどのような存在なのだろうか。この問いに，人格という言葉の歴史を考察することで，1つの答えを示しているのが坂口ふみである。

　人格は，キリスト教の教義における三位一体論およびキリスト論の中から生まれた概念であり，新たな存在性を示す概念である。三位一体論については，325年のニカイヤ公会議以降，一なる神の実体と三つの品格（ヒュポスタシス〔ギリシア語〕＝ペルソナ〔ラテン語〕）と表現された（坂口 1996：120）。また，キリスト論については，451年のカルケドン公会議で「イエス＝キリストはまったく神であり，まったく人間である。その神性と人性の結合は，両本性が変わることなく，混ざることなく，分離することなく，ヒュポスタシスにおいて結合する」（坂口 1993：115，坂口 1996：183-184）とされた。このヒュポスタシス＝ペルソナの訳語が人格である。

このような人格とは，ギリシア的「個体存在（individuum）」ではなく，おきかえのきかない純粋個者，しかも，つねに他者との交流のうちにあることを本質とする単独者を意味した（坂口 1996：115）。そしてそこに，「純粋な個としての個，かけがえのない，一回限りの個の尊厳」（坂口 1996：27）という新しい存在性が生まれたのである。しかしながら，ヒュポスタシス＝ペルソナという概念は，「概念というものの枠を破るところに成立しているので，これを『概念化』することは基本的に難しい作業だった」（坂口 1996：220）。それ故，歴史の中で，愛という働きによる「神と人」および「この私と他者」との交流，そして，かけがえのない単独者という存在性は見失われていき，日本語の人格では，人柄や品格，性格といった人間性（性質）を表す言葉に過ぎなくなってしまっている。
　阿部や嶋田が人格存在という時の人格とは，人柄や性格のことではなく，愛という働きによる「神と人」および「この私と他者」との交流，そして，かけがえのない単独者という存在性を意味している。この言葉は「神と人」という関係性を前提にした概念である。また坂口が，イエスに向きあって，その人を神と信ずる者の目に見えていた二人称の深淵を，苦心の末に三人称化したものがヒュポスタシス＝ペルソナ概念である（坂口 1999：140）というように，人格は「あなた」と語りかける二人称の人の中に神を感じた者が，その人（他者）や私，そして人間を表現するものとして用いた概念なのである。人格は，概念の枠に納まらない働きを宿している。
　トレモンタン（Tresmontant, Claude＝1963：179）は，聖書の伝統は哲学的人間学には存在しないルーアッハ（rûah＝霊）という新しい次元を拓いたという。そのため，ユダヤ人は人間を肉（バサル），魂（ネフェシュ），霊（ルーアッハ）という３つの側面において理解する（本田 2013：59）。ここでいう霊とは神とコミュニケイト（対話）できる人間の側面を意味する（本田 2013：59）。また，アンリは「古代ギリシア人は言葉の可能性をロゴスと呼び，さらにその可能性を〈現われ〉の中に見出した。……中略……しかし，キリスト教の出現とともに，別のロゴスがありうるという前代未聞の直観が生まれる（強調

は原文)」(Henry＝2012：113) と述べている。別のロゴスとは「いのち（生）の言葉」であり，それは神の言葉である (Henry＝2012：113-114)。人間には霊という側面があるが故に神の言葉を聴くことができる（コミュニケイトできる）。

このように「人格」や，糸賀が使った「世の光」という思想的言語は，神と人との間で聴かれる言葉なのである。

（2）視点と次元

❶一人称と二人称の視点

先行研究においては，社会福祉学を理論として構想してきた。理論（theory）の語源はギリシア語のテオリア（theōria）である。この言葉はプラクシス（praxis 行為・実践）と対比され，基本的には，眺めること，観照することを意味した（丹治 1998：1694）。すなわち，社会福祉学は，社会福祉という営みを対象化した観察者（第三者）の視点を設定し，そこから社会福祉を記述説明しようとしてきた。

これに対して，思想的／文学的言語の分析を通して見えてきたことは，一人称および二人称を起点として構築される社会福祉学の構想である。観察者の視点に立つと，人間は対象化された中で理解される。そこで人間は，個人，福祉サービスの利用者，生活者や生活主体者といった概念で括られ，さらには，年間3万人の自殺者と数字として抽象化される。こうして人間が抽象化されればされるほど，社会福祉の現実から遠ざかっていく。そして，そこにある痛みや苦しみが感じられなくなり，一人ひとりに関心をもつことができなくなる。こうした傾向に抗して，社会福祉という営みの現実に近づき，そこにある痛みや苦しみを感じ，そこにいる一人ひとりへの関心を喚起するのが文学的／思想的言語である。

一人称の視点から語られる文学的言語は，社会福祉という営みをしている一人ひとりが生きている世界，その現実を表す。また，この私（我）とあなた（汝）いう二人称の関係（間）で生まれる思想的言語は，価値を含む思想を表す。社

会福祉という営みの現実，その現実から生まれる思想こそが社会福祉学の基盤となる。そして，その基盤の上に理論を構築していくことで，理論と現実の乖離を埋め，人間の血（いのち）や心が通った社会福祉学の構想が可能となる。

❷霊的な次元

近代自然科学は，自然の万象をその構成要素である「物」の運動と配置・組合せに還元して捉える自然像を採択した。そこでは，目に見え計量の対象となる「物」に関わる局面だけを解明しようとし，目に見えず触れることもできない魂や心に関わる局面は排除された（藤沢 1993：182-183）。こうした科学の捉え方は，知の対象を目に見え計量の対象となるものに限定する実証主義を生み出し，今日では事実として確認できるもののみを「エビデンス」（根拠）とする傾向を生んでいる。

こうした傾向の中で文学的／思想的言語が示していることは，一人ひとりの人が生きている世界には「心（魂）」と呼ばれるような現象があり，かつ，「神の働き（霊）」を感じる，ということである。このうち，特に着目すべきは神の働き（霊）である。

科学の対象から排除されたとしても，私たちは「心」と呼ばれる現象を感じながら暮らしている。これに対して，「神の働き（霊）」を感じる人は必ずしも多くはない。しかしながら，もし本田（2010：6，13）がいうように，神が働くのはいちばん小さくされた人（抑圧された人，蔑まれた人）を通してであれば，社会福祉はまさにそうした人と関わる営みであるが故に，社会の中で最も「神の働き（霊）」を感じる立場にある。

「世の光」や「人格」という思想的言語は，神の働きを表現した言葉である。神の働きのようなものを感じた者は，こうした言葉を通して，思考を霊的な次元へと拓くことができる。そしてこの時，霊的次元へと拓かれた社会福祉学という発想が可能となる。

Ⅳ 言語の根源性と解釈(理解)の理論

1．言語によって提示される世界という事象

　私たちの認識を可能にするものは，現代哲学では意識から言語に代わった(Apel＝1979：306)。言い換えれば，現代哲学では言語が超越論的反省の主題であり媒体となっている(Apel＝1979：307)。そうであるが故に，社会福祉学の認識論的基盤(学問的基盤)の考察では，言語が私たちの認識や世界経験にもたらす影響を明確にする必要がある。この節では，まず，この点を明らかにする。

(1) 言語によって構成される世界
　ガダマーは言葉を理解する上で，ギリシア的なロゴス(logos：ギリシア語)とは異なるキリスト教のヴェルブム(verbum：ラテン語)に着目する。それは，受肉(神的なものが人間の姿をとって現れる)という考え方である(Gadamer＝2012：731-732)。ヴェルブムはヘブライ語のダーバールの影響を受けた(世界を)生み出す言葉といった意味をもつ(坂部 2005：52)。また，それはペルソナ的に語られ，出来事となるような言葉である(Gadamer＝2012：732-733)。

　言葉の存在は，何かを露わにする働きがある(Gadamer＝2012：735)。それは光のようなものである。光それ自体は見えないが，光は物事を露わにし，物事を創造する(Gadamer＝2012：824)。すなわち，言語の中に世界そのものが示されるのである(Gadamer＝2012：777)。

　言葉があることによって，人間は世界をもち，その世界が言語で示される(Gadamer＝2012：767)。私たちの世界の見方や世界経験は，こうした言語に拘束されている。しかし，言語的世界観の見え方では，そのどれもが他のものすべてを潜在的に含んでいる。そのため，異質な言語世界に入り込むことで，

他の言語では世界がどのように現れてくるかという〈見方〉を理解できるのである（Gadamer＝2012：774）。具体的にいえば，人間は外国語を習得することによって，自分自身の世界関係を保持しつつ，外国語の言語世界によってそれを拡大し，豊かにする（Gadamer＝2012：781-782）。

(2) この私の個別的な経験と歴史という全体的なもの

語はいずれもそれが所属する言語の全体を響かせ，語の根底にある世界観全体を出現させる（Gadamer＝2012：788）。語によって構成されるテクストなどの言語的な伝承は，われわれに語りかけてくる。そこには過去の人類そのものが，その全体的な連関の中で，われわれの現在に現れるのである（Gadamer＝2012：688-689）。

2．解釈（理解）の理論

思想的言語と文学的言語を分析・考察した結果，①人の生が表現される言葉，②人と人との間で発せられる言葉，そして，③神と人との間で聴かれる言葉という3つの言葉が抽出された。こうした言葉によって社会福祉という事象が示され，私たちは社会福祉を経験する。しかしながら，まだ，私たちは①から③の言葉が意味していること／示していることを理解できていない。よって，これらの言葉を解釈（理解）する必要がある。

この課題に取り組むにあたり，まず，自然科学とは異なる精神科学の方法を解釈学として提示したディルタイ（Dilthey, Wilhelm）の考え方を導入する。次いで，ディルタイにおいては不十分であった歴史という観点を踏まえ，解釈（理解）の理論を提示したガダマーの理論を要約する。その後に，その理論を用いて，3つの言葉の解釈を行う。

(1) 体験―表現―理解と母国語（言語）

解釈は，一般的には「意味不明な言葉や事柄を理解可能なかたちで表現する，

あるいは伝達すること」(丸山 1998：205) を意味する。この解釈(ないし理解)を精神科学の方法と見なし，その意味に新たな形を与えたのがディルタイである。ディルタイは精神科学の方法論的原理として，体験―表現―理解という連関を打ち出している (Dilthey=1981：22-23)。そして，「文字にして固定された生の表出の技術的理解」(中岡 1988：103) が解釈と名づけられている。一人ひとりの個別の体験が文字として表現され，その表現を通して，それぞれの体験に対する理解を深めていくことが解釈である。

人は喜怒哀楽，これが善い／悪いという価値判断，何か神のようなものなど，様々な体験をしている。それが表情や文章，あるいは芸術作品として表現され，その表現を通して，それらの体験を理解する。こうした体験―表現―理解の背景にあり，それらを可能にしているのが母国語(言語)である。

私たちは，ある言語(多くは1つの言語だが，両親が異なる言語を話す場合は2つの言語) が交わされている共同体 (家族，地域，社会) で生まれ育つ。言語は，それぞれの共同体の歴史／文化の中で形成されたものであり，その言語が母国語となる。私たちは母国語の中で様々な体験をし，その体験を，母国語を使って表現し，また理解する。この意味で，母国語(言語)が，体験―表現―理解を可能にしている。

(2) 解釈学的経験

ディルタイは，理解を「ある人の体験」の水準で捉えた。これに対して理解を，「私たち一人ひとりが生きている世界」の水準で捉えたのがガダマーである。その「理解の理論」は以下のようなものである。

❶先入見

ある体験―表現(言語) を理解する主体は歴史に属している (Gadamer=2008：437)。そして，その歴史の中で形成された先入見をもっている。物事を理解する上で大切なことは，自分自身が先入見に囚われていることを自覚することである (Gadamer=2008：427)。先入見は絶えず，そして気づかれるこ

となく働いている（Gadamer＝2008：469）。この先入見に気づくには，伝承や他者性などに語りかけられる経験をすることである（Gadamer＝2008：469）。語りかけられることにより，先入見に気づき，その時，先入見の一時停止が生じる（Gadamer＝2008：469）。この一時停止は，問いの構造をもっているが（Gadamer＝2008：469），これは，現象学におけるエポケー（判断停止）を意味する（丸山 1997：143）。伝承は言語であり，それは〈あなた〉のように，それ自身から語る（Gadamer＝2008：553）。

❷地平と人間の有限性

　語りかけを聴く主体は，その主体の視点から見えるすべてのものを包み込む視界である「地平」をもっている（Gadamer＝2008：473）。地平とは，われわれがある地点に立って見渡す時に見える視野のことである（麻生 1989：222）。地平は，われわれの展望を限定する。しかしそのことにより，あるものは近くに，あるものは遠くに見え，そこで現れる物事の意味に対する自分の評価を可能にしてくれる（麻生 1989：222-223）。地平は，私たちに自覚されない認識基盤である（佐々木 2008：404）。そして，人間がこうした地平をもっているということは，人間の有限性の再発見といえる（麻生 1989：223）。

　われわれの世界と異質な世界とは一つになって内側から大きく動く大きな「地平」を作り出している（Gadamer＝2008：476）。そして，この地平がつねに人間の生の源泉となり，生を起源や伝承として規定している（Gadamer＝2008：477）。地平には，人がその中で生まれ育った文化の歴史的経緯の蓄積である伝統も含まれる（佐々木 2008：404）。

❸地平の融合としての理解

　ガダマーは理解を，いつもそれ自体で存在しているように思われる地平の融合の過程であると捉える（Gadamer＝2008：479）。理解（地平の融合）とは，理解者が，あるテクストなどの対象の地平に対して，みずからの地平を開き，それと融合することである（佐々木 2008：405）。ただし，融合といっても，

理解する者とテクストにそれぞれ別の地平（2つの地平）があるのではない（巻田 2008：666）。われわれの世界と異質な世界は一つになって，内側から動く大きな地平を作り出しているのであり（Gadamer＝2008：476），存在するのは過去と現在を包む一つの大きな地平だけである（巻田 2008：666）。

　ここにおける地平の融合（理解するということ）とは，理解しようとする者の先入見に同化することでも，テクストの地平に同化されることでもない。そうではなく，理解しようとする者の地平とテクストの地平を弁証法的に止揚して，テクストの中で取り扱われている当の事柄を新たな視点に立って，両者を融合した地平の中で新たに見直すという積極的かつ生産的な事柄である（麻生 1985：213）。あるテクストや対象を理解しようとする者（解釈者）が地平の融合を多く経験すればするほど，その地平は大きくなり，理解の普遍性は増すのである（佐々木 2008：405）。

❹作用史的意識の分析
　ガダマーは，理解そのものに歴史の現実性を示さなければならないと考える。そして，そのことによって要請されているものを〈作用史〉と名づけ，理解の本質を作用史的な過程と捉える（Gadamer＝2008：470）。また，理解の遂行そのものを構成する契機を作用史的意識と捉える（Gadamer＝2008：472）。先に述べた地平の融合とは，作用史的意識が起きる仕方である。それが故に，ガダマーは「理解」という作用を解明するために，作用史的意識の分析を行う。

❺解釈学的経験
　ガダマーは，作用史的意識は経験の構造をもつという（Gadamer＝2008：537）。そして，経験が有する3つの特徴を指摘する。1つめは否定性の経験である。これは，物事を正しく理解していなかったことが思い知らされる経験であり，その意味で，生産的な意味における否定性の経験（Gadamer＝2008：547）である。2つめは，新しい経験に向かって開かれている開放性の経験である（Gadamer＝2008：550）。経験豊かな人は決して独断的ではなく，新し

い経験に学ぶことができる（Gadamer＝2008：550）。3つめは有限性の経験である（Gadamer＝2008：552）。これは，経験が豊かであるということは自己の有限性を知っていることであり，どのような計画も確実ではないことを知っていることである（Gadamer＝2008：552）。

　ガダマーは，経験の中でも解釈学的経験を探究する。それは伝承に関わっている（Gadamer＝2008：553）。伝承は言語であり，それは〈あなた〉のようにそれ自身のほうから語る（Gadamer＝2008：553）。解釈学的経験（解釈学の課題）はテクストとの対話であり（Gadamer＝2008：569），そこには問いと答えという弁証法の構造がある（Gadamer＝2008：582）。解釈学的経験には「問い（伝承からの呼びかけ，問いかけ）と答え」という弁証法の構造があるが故に，そこにおける意識である作用史的意識は，歴史の経験をもった意識となる。そしてその意識は，歴史の経験に向かって開かれていることが明らかになる（Gadamer＝2008：582）。こうした意識の中で地平の融合という理解が生まれ，テクストと解釈者（理解者）の橋渡しが行われる。また，地平の融合という理解の中で，事象そのもの（事柄そのもの）が言葉となっていく（Gadamer＝2008：583）。

❻言語の"遊び"に巻き込まれる中でもたらされる理解

　「理解」とは，言語がわれわれに語りかけ，提案しては撤回し，問いかけ，そして答えをもって満たされるといった「言語そのものによる遊び」である（Gadamer＝2012：833-834，丸山　1997：187）。対話の場合，そこで真実として表れるのは，私の意見でもあなたの意見でもないロゴスである（Gadamer＝2008：569）。そして，解釈学的経験をもたらす対話においては，対話をしている者は能動的に対話を遂行しているというより，むしろ，ロゴスに動かされているのである（Gadamer＝2012：679）。

　ガダマーにおける解釈（理解）の理論を要約しよう。歴史の中に存在する有限な人間は，過去のテクストや他者といった他者性（異なるもの）と出会うことで，みずからの先入見に気づく。そこには「なぜだろう，何だろう」といっ

た問いが生じる。この問いに答える中で，自分の先入見に修正を加え，これまでと違った物の見方ができるようになる。こうした解釈学的経験において行われていることは，理解しようとしている主体が，言語に巻き込まれているということである。そこにおいてロゴスやヴェルブム（ダーバール）が，人間に対して，物事を露わにするのである。すなわち，理解とは，言語の遊動に巻き込まれつつ，たえず自己の有限な地平を超越（止揚）していく運動なのである（丸山 1997：187）。

V　社会福祉学の根底にある言語

1．3つの言葉の解釈

先に確認した「理解の理論」の枠組みを使うことで，人の生が表現される言葉，人と人との間で発せられる言葉，そして，神と人との間で聴かれる言葉という3つの言葉の解釈を試みる。

（1）人の生が表現される言葉の解釈

❶表現と体験

社会福祉学は科学であり，その科学が用いる言語は理論的言語であるといった先入見がある。この先入見が故に，人の生が表現される言葉（文学的言語）に出会っても，それらの言葉は主観的で不確かなものと見なされ，社会福祉学を構成する言語から排除されてきた。しかし，先に述べたような人の生を表す言葉やテクストに出会うと，社会福祉学は理論的言語で構成されるという先入見が疑われる。そして，人の生を表す言葉をもたらした体験や，そうした体験をもたらす言語が問われる。

❷いのちの言葉

　人の生を表す言葉は，一人ひとりが生きて体験したことを表現している。そこで体験されているのは，一人ひとりのかけがえのない生（いのち）である。こうした体験をもたらすのが，アンリがいう「いのちの言葉」である。
　アンリは「世界の言葉」とは異なる「いのちの言葉」について述べている。「世界の言葉」とは，「世界という外部性においてわれわれに現われてくるものを語る言葉」（Henry＝2012：108），あるいは「たいていの人間にとって，話すことを覚えて以来，自分たちがずっと話している言葉」（Henry＝2012：157）のことである。私の前に世界が立ち現れており，その世界を描写するのが「世界の言葉」である。
　しかし，アンリは私に世界が立ち現れることに先行して，〈いのち〉の現れがあり，その〈いのち〉の自己啓示によって可能になる言葉があるという（Henry＝2012：122）。それは〈いのち〉そのものが言葉ということであり，これが「いのちの言葉」である。「いのちの言葉」とは，「苦しみは苦しみを語り，喜びは喜びを語っているというふうに，われわれの生のひとつひとつの様態が，そのまま，自分みずからを語る言葉」（Henry＝2012：122）である。

❸解釈

　私たちは誰もが身体とその人固有な経験をもっている。そして，その人固有な地平をもち，言語にしても「社会福祉学は理論的言語によって構成される」という先入見だけでなく，言葉を「世界の言葉」と捉える先入見をもっている。しかし，人の生が表現されている言葉やテクストに出会うと，そうした先入見が弱まり，「社会福祉学は理論的言語によって構成される」という理解や，言葉を「世界の言葉」と捉えることは，社会福祉学の言語や言葉自体について，正しく理解していなかったことを思い知らされる。すなわち，ここでは，私の地平が「いのちの言葉」をもたらす地平と融合し，言葉について，新たな理解が生まれる。

（2）人と人との間で発せられる言葉の解釈

❶表現と体験

「価値を研究することは，社会科学の『客観性』の妨げになる」（秋山 1999：22）といわれてきた。この背景には「社会福祉学＝社会科学＝客観的なもの」という先入見がある。この先入見が故に，人と人との間で発せられる言葉（思想的言語）に出会っても，そうした言葉を根幹に据えた社会福祉学は構想されてこなかった。唯一の例外は嶋田啓一郎の構想である。

しかし実際に，人と人との間で発せられる言葉（思想的言語）やテクストに出会うと，「社会福祉学＝社会科学＝客観的なもの」という先入見が疑われる。そして，人格や責任応答性という「人と人との間で発せられる言葉」をもたらした体験や，そうした体験をもたらす言語が問われる。

❷根源語

「責任応答性」とその応答の中で意味を帯びてくる「人格」という言葉は，人と人との間，より正確にいうと，この私と他者（汝）との間で発せられる言葉である。これらの言葉は，抽象的な人や個人を表しているのではなく，この私や他ならぬこの他人と思い感じる体験を表している。

こうした体験を表現する言語がブーバー（Buber, Martin）のいう根源語である。ブーバーは〈われ―なんじ〉と〈われ―それ〉という根源語（Grundwort）があり，根源語に基づく人間の態度によって世界は2つになるという（Buber＝1979-a：7）。根源語〈われ―なんじ〉における〈われ〉は人格的存在であり，その〈われ〉と〈なんじ〉は「たんに関係の中にあるばかりでなく，〈責任をもって答えること〉となる」（Buber＝1979-a：129）。「人格と人格の出会い，呼びかけと応答という両者の対話的な関係を示すのが，根源語『我―汝』である」（村田 2004：59）。

❸解釈

　私たちは人称性という視点を使って世界を表現することができる。そこには，一人称，二人称，三人称がある。にもかかわらず，社会福祉学を理論として構想する先行研究では，一人称や二人称は排除され，社会福祉の営みをしている人は「個人」「福祉サービスの利用者」「生活者」「主体」といった三人称の言葉で表現される。

　これに対して，「人と人との間で発せられる言葉」との出会いによって，社会福祉という営みの中には，「私とあなた」という人称性があるという事実と，こうした人称性をもたらす言語があることに気づく。この時，私の意識の背景にある，観察者の視点，中立的な視点から客観的に社会福祉を記述説明することを当然のこととする地平は，現実そのものを構成する地平と融合する。そして，社会福祉を記述説明する言葉については，〈われ―なんじ〉などの根源語が必要である，といった新たな理解が生まれる。

（3）神と人との間で聴かれる言葉の解釈

❶表現と体験

　日本人の多くが，ユダヤ・キリスト教といった宗教をもっていない。しかし，社会福祉という営みの中で目にする「尊厳」という言葉は，木原が「人間の尊厳の根拠は……中略……宗教的な前提の上に成り立っている」（木原 2014：28）というように，宗教的な前提の上に成り立っている。

　ユダヤ・キリスト教という宗教的背景をもっていない者でも，――筆者もその一人であるが――，ほんとうに小さくされている（抑圧され，蔑まれている）人たちと実際に関わると，そこに「光」あるいは「神の働き」といった"宗教的なもの"を感じる体験をすることがある。そして，「神なんて存在しない」という先入見が疑われる。こうしたことをきっかけにして，「神と人との間で聴かれる言葉」がもたらす体験や，そうした体験をもたらす言語が問われる。

❷始源語

「光」あるいは「神の働き」といった"宗教的なもの"を感じる体験をもたらす言語が,ブーバーがいう始源語（Urwort）である。〈われ—なんじ〉／〈われ—それ〉という根源語（Grundwort）は,人間によって語られる言葉である（水垣 2004：40）。これに対して始源語は神の方から語られる言葉であり,〈われ と なんじ〉と表現される。根源語である〈われ—なんじ〉を,始源語にまで高めているのは「と」である（水垣 2004：40）。この「と」とは,人と人との「間」であり,かつ,神と人との「間」を示す（水垣 2004：40-48）。「間」が切り拓いた次元において聴かれる言葉が始源語であり,それは「神の根源的なはたらきとその啓示とを神みずから語る言葉」（水垣 2004：37）である。

レヴィナス（Lévinas, Emmanuel）がいう〈語ること〉（Dire）も始源語である。〈語ること〉は私たちの口を通して語られるのではなく,「顔が語りかける」（Lévinas＝2010：109）のである。レヴィナスが「他者の〈顔〉のうちで私は神の〈言葉〉を聞く……中略……〈顔〉は,神の言葉が響く様式なのです」（Lévinas＝1993：156）というように,顔が語るのは神の言葉であり,神から発せられ,神と私との間で聴かれる始源語である。

❸解釈

私たちの思考は時代や地域に大きく影響を受け,かつ規定されている。アンリがいうように「現代社会を構成するシステム全体が,〈神の言葉〉を聞くことを不可能にしている」（Henry＝2012：15）。そうした時代の中で構想される社会福祉学も,科学をモデルとし,そこでは「神の言葉」が用いられることはなかった。

しかし,科学についていえば,1960年代に行われた科学哲学の議論が明らかにしたように,認識主体から独立に自存する自然を貫く,超歴史的に妥当する客観的自然法則という観念は,それ自体一つの歴史的所産であり,十七世紀の科学革命以降に胚胎した知的態度に過ぎない（野家 1993：33-34）。そして,最も大切なことは,社会福祉という営みはほんとうに小さくされている（抑圧

され，蔑まれている）人たちと実際に関わるが故に，その人たちの「顔」を通して，あるいは「関わり」を通して「神の言葉」のようなものを聴く（正確にいえば，神の言葉は音声としては聴かれないので「感じる」）という事実である。少なくとも，信仰がない筆者であっても，最重度といわれる知的障がいがある人たちとの関わりの中で，「神の言葉」のようなものを感じた。

　私の視点から構成される地平があり，その中で形成される先入見がある。それは，言葉は人間の言葉であり，人と人との間で交わされるもの，という先入見である。そして，神などは信仰の問題であり，学問の対象ではないという先入見である。こうした先入見をもった私たちが，社会福祉学を構築していく上で問われるのが，先に述べたような経験，すなわち，否定的経験，有限性の経験，そして新たなものへと開かれた経験をすることができるか否かである。一言でいえば，「歴史」を経験できるかということである。

　もし，私たちが歴史の中の存在であることに気づくならば，いま，自分が理解していることは有限で不確かなものであることが自覚されるであろう。そして，長い歴史の中で，決して絶えることがなく聴かれる呼びかけ（問いかけ）を聴くであろう。そうしたものの1つが神の言葉である。

　神の言葉に出会ったならば，もはや，私が話すというより，神の言葉を聴き（感じ），それに応える中で，言葉の中に私たちが巻き込まれていることを経験する。そして，そうした中で，ロゴスやヴェルブム（ダーバール）という言葉が，人間に対して，物事を露わにする。すなわち，ロゴスやヴェルブム（ダーバール）という言葉によって，社会福祉という事象（経験）が露わになり，私たちはそれ（社会福祉）を理解することができるのである。

　では，こうした理解をもたらすロゴスやヴェルブム（ダーバール）とはどのようなものなのであろうか．次にそれを明らかにする。

第1章 社会福祉学を構築する言語

2．ダーバールとロゴス

(1) 神の言葉としてのダーバール

　レヴィナスは「他者の〈顔〉のうちで私は神の〈言葉〉を聞く」(Lévinas＝1993：156) という。それは神と私との間で聴かれる始源語であった。また，アンリがいう「いのちの言葉」も別のロゴスであり，それは「神の言葉」であった。思想的／文学的言語の先行研究の分析と解釈を通して，この世界には私たち人間が話したり書いたりする人間の言葉（ロゴス）とは異なる「神の言葉」があるということを理解した。
　では，「神の言葉」とは何か。それは旧約聖書ではダーバール（ヘブライ語）と表現されているものである。ダーバールは神から発せられる言葉であり，それは宇宙自然を創り，人間を創る（宮本 1989：26）。そして，人間の歴史の只中に働き，疲れ力なく絶望した民を奮い立たせ（宮本 1989：35），捕われた人を解放し，こころの傷める者をいやす（宮本 1989：37）。すなわち，ダーバールとは，創造する力（命令・出来事）であり，抑圧された者を解放する力（命令・出来事）である。こうしたダーバールを「エヒイェ・ルーアッハ・ダーバールの三一的相互関係」において捉えているのが宮本久雄である。ここでは，宮本の考えを引用することで，ダーバール（神の言葉）についての理解を深めたい。
　聖書の出エジプト記3章14，15節において，神の名は「わたしはあるだろう。そのわたしはあるだろう（エヒイェ　アシェル　エヒイェ）」であり，「ヤハウェ」であることが明かされる。エヒイェは一人称であり（宮本 2012：vi），これを三人称にするとヤハウェとなる（宮本 2012：vii）。神（ヤハウェ）の名にはエヒイェが2つ含まれるが，「第一のエヒイェと第二のエヒイェには間（あわい）があり，自分を異化する差異的なずれがある」（宮本 2012：6）。こうした名前には「自らに第一と第二のエヒイェの間・空間を内包させ，その間・すきまから外に超出」（宮本 2012：6）することが示されている。
　では，外とはどこか。出エジプト記において神（ヤハウェ）は「天という自分の絶対的在り方から超出・脱在して，貧しい奴隷のような他者と共に公共世

界を創る」(宮本 2012：6) というように，外とは「貧しい奴隷のような他者」である。神はそこで，その他者と共に公共世界を創る働きをする。ここでいう「貧しい奴隷のような他者」とは神が選んだイスラエルの民であり，その民はエジプトにあって，ファラオのくびきの下で，奴隷状態で苦しんでいた人たちである (本田 2010：3)。

　では，神 (ヤハウェ) はイスラエルの民にどのように働きかけるのか。このことについて宮本は「ヤハウェ＝エヒイェの間にルーアッハが息吹き，その息吹きが音をたて音声となり言として現成する」(宮本 2012：6) と述べている。すなわち，「ヤハウェの脱在的表現であるエヒイェが，自らに間 (あわい) を広げると，そこにはルーアッハの息吹気が流れ，その流れは音，声，言 (ダーバール) として出来する」(宮本 2012：37) のである。

　ルーアッハとは息吹気であり霊を意味し，ダーバールは言葉を意味する。このルーアッハとダーバールが神と人との出会い・対話をもたらす。ただし，ルーアッハは曖昧であり，知識に絶対的な真正性が付加わるためには，ルーアッハがダーバールに結晶する必要がある (Neher＝1971：117)。神のダーバール (神の言葉) は応答を期待するのであり (Neher＝1971：120)，ダーバールによって神は人間と共に働く (Neher＝1971：122)。

　旧約聖書のルーアッハ (ヘブライ語) を継承するのが新約聖書のプネウマ (ギリシア語) である。「プネウマは，……中略……差異化を促し他者との出会いの間 (あわい) を創る場的なもの，あるいは新たな言葉をもたらすパーソナルなもの」(宮本 2012：167) であり，「このプネウマが，『エヒイェ　アシェル　エヒイェ』の間 (あわい) に息吹き，そこにダーバールを働き産む」(宮本 2012：168)。

　これらのことからエヒイェ (神)・ルーアッハ／プネウマ (霊)・ダーバール (言葉・行為・出来事) の関係については，次のように理解することができる。この世界における神の名である「エヒイェ　アシェル　エヒイェ」が示すように，エヒイェ自身の間に生じる差異化の運動 (自己超出の運動) がルーアッハ／プネウマを生み出す。そして，このルーアッハ／プネウマが私と他者との出

会いの間を生み出し，その間にダーバールが聴かれ，ダーバールという行為や出来事が生起する。このダーバールこそが「神の言葉」である。

エヒイェ（神）の働きがエヒイェ（神）と人，そして，私と他者との「間」を生み出し，その「間」で聴かれる言葉がダーバール（神の言葉）である。「われ―と―なんじ」における「と」が表しているように，ブーバーは，人と人との「間」，かつ，神と人との「間」の次元を見出した。それは「神の根源的なはたらきとその啓示とを神みずから語る言葉」（水垣 2004：37）が聴かれる次元である。

神の言葉は神から発せられる始源語であり，ルーアッハ／プネウマが宿った言葉（ダーバール）である。その言葉は他者の顔の中で聴かれ，「汝，殺すなかれ」（Lévinas＝2010：111）と命令する。その意味は「汝は，他なる者が生きられるよう，あらゆることをなせ」（Lévinas＝1996：52）であり，具体的には，他者を見棄てるな，一人で死なせるな，病ませたり飢えさせたりするなという命令であり，他者を生かし，他者に責任をもて，という命令なのである（Lévinas, Burggraeveéd＝2003：101）。

（2）ロゴスの変遷（ロゴスとダーバールの関係）

ギリシア語のロゴス（logos）は，語源の上では「拾い集める」を意味する動詞legeinから出ている。ここで意味する「拾い集める」は，ばらばらに散らばった事実（事の端）を，筋目・秩序にしたがって取りまとめることから，ロゴスは理由，原因，理性，秩序，根拠，論理を意味した。しかし，何よりも事の端を掬い取りまとめる結集力は言葉（言の葉）にあるため，ロゴスは言葉を意味する。また，ヘラクレイトス（Hērakleitos）は，われわれが日々触れていながら気づかない「存在するすべてを成り立たせている根拠を〈ロゴス〉（根源秩序系）」と呼んだ（山本 1998：1739）。

ヘラクレイトスは，生成流転する現象の背後には一定のロゴスが存在し，万物を支配しているのであり，そうしたロゴスの支配を見るのが哲学者であると考えた（日下部 2012：42-43）。また，ヘラクレイトスは，ロゴスを呼吸とと

もに吸い込むことによって私たちは知的になると考えた。私たち人間の中にある知性（ヌース）は，その出自であるロゴスに憧れており，ロゴスとの交流をもつことでその知性は輝くのである（日下部　2012：43）。

　ヘブライ語で書かれた旧約聖書をギリシア語に翻訳する時，ダーバールはロゴス，レーマと訳された（大貫　1998：1740）。ロゴスもレーマも言葉を意味するが，レーマは存在から遊離した言葉を意味する（日下部　2012：142）。これに対してロゴスは法則性と実在性を具えた言葉を意味した（日下部　2012：142）。ヘブライ語で書かれた旧約聖書をギリシア語に翻訳する際に，ダーバールはロゴスと翻訳され，ロゴスに神の言葉という意味が付与された（久保田　1974：9-14）。ストア派の哲学においても，ロゴスは質料（素材・原料）の中から世界の秩序を生じさせるものであり，それ故，神という位置づけをもっていた（リーゼンフーバー　2000：143）。

　世界生成の原理といった意味をもつロゴスの概念は，ユダヤ人のフィロン（Philōn）を経由してキリスト教の中に流入していく。フィロンは「一なる神は自身から流れを発する。その第一の現われがロゴスであり，最初の流出であるがゆえに最も神に似ている」（Goodenough＝1994：163）とロゴスを捉えた。フィロンのロゴス論は「二－三世紀にキリスト教思想に受容され，人となったロゴスとしてのキリストの理解のために生かされることになる」（リーゼンフーバー　2000：182）。そして，「神はロゴスであった」というヨハネ伝の表現となって結実する（日下部　2012：46）。

　さらに，ロゴスはラテン語に移される時に，ラチオ（ratio）ともう一つ別のヴェルブム（verbum）という2語に分かれて受け継がれた（坂部　2005：52）。ヴェルブムは，「（世界を）生み出すことば」「息吹」という意味，ヘブライ語のダーバールを意味する（坂部　2005：52）。これに対して，ラチオは「或るものを或るものと見なす」ことを意味する「reor」の名詞であり，それは，受け取り，規定し，判断する，主体の能力を意味する（谷﨑　2002：56）。ロゴスがラテン語のラチオに訳された時，言葉という意味はなくなり，「或るものを或るものと見なす」判断能力，秩序や原因を理解する「理性」という意味を

もつようになった。

　ヘラクレイトスがいうように，もともとロゴスには「存在するすべてのものを成り立たせている根拠（根源秩序系），隠れた調和」といった意味があった（山本　1998：1739）。それが故に，ロゴスは一方では，神の言葉（創造し秩序づける言葉）を表す，ダーバール（ヘブライ語）―ロゴス（ギリシア語）―ヴェルブム（ラテン語）という系譜を生み出し，もう一方では，人間の理性を表すロゴス（ギリシア語）―ラチオ（ラテン語）という系譜を生み出した。

（3）ダーバールとロゴス

　ロゴスの2つの系譜のうち，ダーバールにヘブライ的思惟を，ロゴスにギリシヤ的思惟を見出し説明しているのがボーマン（Boman, Thorleif＝2003：102-109）である。

　ギリシヤ的思惟に現われた言葉がロゴスである。ロゴス（$\lambda \acute{o} \gamma o \zeta$：言葉）は$\lambda \acute{\varepsilon} \gamma \omega$（語る）から由来し，語根$\lambda \acute{\varepsilon} \gamma$の根本的意味は「集める」である。それは乱雑に集めるのではなく，順序だてて集め，秩序づけることを意味する。このような意味をもつロゴスは，綜合するのに困難な「話す」「数える」「思惟する」の3つの意味を併合させるようになり，時代を下るにしたがって，言葉という意味を次第にもつようになった。このように異なる意味が1つの概念の中に流れ込むことによって，最高の精神活動を示すようになり，それが理性という意味をもつようになった。それ故，ロゴスの最も深い意味は言語活動にあるのではなく，秩序づけられた理性的なものにあるといえる。

　これに対して，ヘブライ的思惟に現われた言葉がダーバールである。ダーバール（dâbâr：言葉）は，ダーバァル（dâbar，クァル形）と，ディブベェル（dibbär，ピィエール形）から派生した語である。この2つは「語る」ことを意味するに過ぎないが，その根本には「背後にあるものを前へ駆り立てる」という意味がある。それ故，ダーバールは言葉を意味するだけではなく，行為をも意味する。正しくいえば，言葉と行為はダーバールのもっている2つの異なった意味というより，むしろ行為はダーバールの中に存在している根本的意味の結果なので

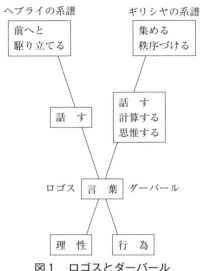

図1 ロゴスとダーバール
出典：Boman＝2003：107に一部加筆

ある。こうした2つの系譜を図で表すならば図1となる。

　ギリシヤ人にしてもイスラエル人にしてもロゴスとダーバールは，人間の精神生活における重要なもの／本質的なものと考えられていたのである。

3．社会福祉学の根底にある言語

（1）社会福祉における解釈学的経験

　社会福祉学を構築しようとする者も，決して歴史や社会から超越した存在ではない。歴史の中に存在し，ある社会と言語の中で生まれ育った有限の存在である。そうした存在である人間は，言葉によって話しかけられ，言葉を覚え，言葉を発したり書いたりするようになる。そうして，私たちは言語（母国語）の中に参入し，その言語を通して世界を経験する。言い換えれば，「事象そのものが『言葉』となって立ち現れてくる」（渡邊 1994：352）。

第1章　社会福祉学を構築する言語

　先行研究においては，社会福祉という営みを理論的言語によって記述説明してきた。しかし，思想的言語や文学的言語のテクストと出会う（読む）と，「社会福祉学は科学である」といった命題や，社会福祉学を理論的言語によって構築していくことは，科学主義とでもいう先入見ではないか，と思えてくる。そして，「本当に社会福祉学は理論的言語のみで構築されるのだろうか」という疑問が自然と湧いてくる。この疑問に導かれて執筆したのが本章である。
　社会福祉学の構想に関する先行研究には，理論的言語とは異なる文学的言語と思想的言語があった。これらの言語の分析・考察から，人の生が表現される言葉，人と人との間で発せられる言葉，神と人との間で聴かれる言葉という3つの言葉が抽出された。これらの言葉を生み出す根底には，いのちの言葉，根源語，始源語という言語があり，その本質はダーバールであることを確認した。さらに，言葉の根源性について調べ，歴史を振り返り，そこに学べば，私たちが使っている言葉や理性の語源にはロゴスがあり，また，ロゴスとは異なるダーバールという言葉（神の言葉）があることが分かった。
　ダーバールという言葉があることに気づいた時，人としての当たり前の暮らしができない状態に抑圧されている人と実際に関わった者であれば，ダーバールを聴いた（感じた）経験を思い出すであろう。また，いま現に関わっている者であれば，その人たちから発せられている呼びかけや問いかけが，ダーバールであることに気づくであろう。こうして，社会福祉学を構築するのは理論的言語であるという考えは部分的に否定され，理論的言語，思想的言語，文学的言語の根底にある，ダーバールとロゴスを基盤にした社会福祉学の構想という新たな考えが思い浮かぶ経験をする。
　こうした解釈学的経験の中で感じるのは，私（筆者）が社会福祉学を構想しようとしているというより，ダーバールとロゴスという言語の働きの中に私が巻き込まれているという感覚である。こうした言語に巻き込まれ，社会福祉という事象が「言語」となって立ち現れてくるところを捉える（書き留める，記述する）ところから，社会福祉学の構築は始まる。

(2) 社会福祉学の根底にある2つの系譜の言語

　私たちは，ある歴史／文化の中で形成された言語の中で生まれ育つ。そして，その言語を基盤にして物事を考え，様々な体験をする。社会福祉もその経験の1つであり，その経験は言語によってもたらされている。これまでの社会福祉学は，ロゴス─ラチオ（世界を生成する秩序・理性）という系譜の中で構想されてきた。しかし，この章における考察を通して明らかにされたことは，社会福祉の経験を生み出す言語，そして，社会福祉学を構成する言語の根源には，ダーバール─ロゴス─ヴェルブム（世界を生成する秩序・神の言葉）という別の系譜があることである。

　ダーバール─ロゴス─ヴェルブムとロゴス─ラチオは，世界を生成する秩序という意味では共通している。しかし，前者は霊的次元へと思考が拓かれているのに対して，後者は霊的次元に対して閉ざされている。社会福祉という営みでは，尊厳という言葉が使われている。その営みを，ロゴス─ラチオ（秩序・理性・論理）のみで表現すると，尊厳を感じる体験のように，そこにおいて体験している本質的なことをうまく表現できない。社会福祉という営みの体験（事象）に基づいて社会福祉学を構築していくためには，ダーバール─ロゴス─ヴェルブムとロゴス─ラチオという2つの系譜の言語が必要となる。

　以下では，表現を簡略化するために，前者の系譜の言語をダーバール，後者の系譜の言葉をロゴスと表現し考察を進める。

Ⅵ　社会福祉学を構成する言語の基礎知識

　ここまでの考察は，思想的言語と文学的言語から，人の生が表現される言葉，人と人との間で発せられる言葉，神と人との間で聴かれる言葉という3つの言葉へ，さらにこの3つの言葉からダーバールとロゴスへと，社会福祉学の根源にある言葉（言語）へと遡行していった。この節からは逆に，社会福祉学の根源にあるダーバールとロゴスから，社会福祉学を構成する思想的言語，文学的言語，理論的言語，技術的言語という4つの言語を導出し，さらには，これら

の言葉によって社会福祉学が構築されることを説明する。

1．ダーバールに対する理解

(1) ダーバールの本質
　神の言葉であるダーバールは，旧約聖書と新約聖書のそれぞれに，その独自の本質が示されている。

❶責任（呼びかけ・命令と応答）と行動を惹き起こす力
　旧約聖書に示されているダーバールの本質は，責任（呼びかけ・命令と応答）と行動を起こさせる力である。
　ルーアッハ（霊）は霊なのか風なのか曖昧であり，それを感じる者に主観的なものと映る。これらに対してダーバールは，言葉や行動であるため曖昧さはなく客観的である。ネイル（Neher, André）によれば，ルーアッハの成熟がダーバールである（Neher＝1971：117）。また，ダーバールは，単に言葉を指し示すだけではなく，命令を，そして，行動を指し示す。それだけではない。ダーバールは行動を惹き起こし（Neher＝1971：121），さらには，応答を期待するのである（Neher＝1971：120）。

❷いのちとそれを大切にしようとする力（愛）
　新約聖書に示されているダーバール（ギリシア語ではロゴス）の本質は，「いのちとそれを大切にしようとする力（愛）」である。
　『ヨハネによる福音書』の冒頭に「言の内にいのちがあった」（『ヨハネ』1・4）とある。このいのちには，私たちが自分自身のものとして感受しているいのちと，そのいのちを生かしている永遠のいのちという二重性がある（Henry＝2012：143）。しかし，この二重性を理解せず，いのちとはこの私のいのちであり，わたしの所有物のように思った時，この私にいのちを与えた永遠のいのちを失う。それ故，「アンリによれば，キリスト教，すなわちキリストの教え

とは，人間の真の根拠，真の本性としての〈いのち〉をわれわれに想起させ，それによって，われわれが失ってしまった〈いのち〉との交流，結びつきを回復させようとする」(武藤 2012：225) という考えが示されることになる。ここでいわれている〈いのち〉とは永遠のいのち＝神である。「神＝〈いのち〉は，何の見返りもなしに，われわれを愛するがゆえに愛し，自分みずからをわれわれに与えて，われわれを生かす。こうした愛そのものが神＝〈いのち〉の働きの中で，その働きにしたがうことによってはじめて，われわれも愛することができる」(武藤 2012：243) のである。

本田は「愛する」ことの意味を「大切にする」と言い換え (本田 2010：226)，聖書全体のメッセージは「隣人を自分のように大切にしなさい」であると述べている (本田 2010：211-212)。本田がここでいう隣人とは，隣人を必要としている「いちばん小さくされた人」であり (本田 2010：212)，聖書の記述であれば，孤児，やもめ，寄留者などである (本田 2010：216)。そして，本田は，隣人を自分自身のように大切にすることが，神を愛すること，すなわち，神を大切にすることになると述べている (本田 2010：215)。

（2）ダーバールの表出・読み取り

ボーマンは「可視的な物事はヘブライ人にとってその物事の所有者とか，それを創った製作者の特質をあらわす徴(しるし)である。このような徴を見出したとき，物事を正しく見たということができる（強調は原文）」(Boman＝2003：320) という。例えば，可視的な他者の顔は，神の言葉（ダーバール）を示す徴（痕跡）が刻まれている。呻き，叫び声，無念の思いを秘めた顔，笑顔にはいのちの言葉（ダーバール）を示す徴（痕跡）が刻まれている。

本田は神体験について「神は必ず人とのかかわりを通して働きかけられておられる」(本田 2013：33) と述べているが，神の言葉（ダーバール）は，人との関わりの中で，その顔や言葉を通して聴く（感じる）ことができるのである。すなわち，社会福祉学の始源にある言葉（ダーバール）は，人との関わり，特に，最も抑圧され，蔑まれている人たちとの関わりを通して，聴く（感じる）

ことができるのである。

(3) ダーバールの働き

❶支援へと駆り立てる
　ブーバーは「生きていることは，語りかけられていることであり，われわれはこのしるしに立ち向かい，これに耳を傾けることだけが必要である」(Buber=1979-b：188)という。人は，抑圧され，蔑まれている他者の前に立つことで，他者の顔に徴を感じる。この徴は神の言葉であり，それは，他者を見棄てるな，一人で死なせるな，病ませたり飢えさせたりするなという命令であり，他者を生かし，他者に責任をもて，という命令である。また，他者の痛みや苦しみ，無念の思いなどの情緒はいのちの言葉である。この言葉は私たちに共感共苦をもたらす。
　ダーバール（神の言葉／いのちの言葉）は命令であり，かつ，共感共苦をもたらす。そして，それが故に，人を支援へと駆り立てる。

❷規範と価値の創造
　ダーバールは，他者を見棄てるな，一人で死なせるな，病ませたり飢えさせたりするな，という命令（規範）であり，一人ひとりの"いのち"はかけがえのない大切なものといった価値である。すなわち，ダーバールという言語こそが規範や価値の源泉なのである。
　ダーバールは他者への責任といった規範や，一人ひとりのいのちはかけがえのない大切なものであるという価値を創造する。そして，こうした規範と価値が倫理，尊厳，正義といった言葉を生み出す。また，他者への責任を担い，かつ，かけがえのなさをもつ人格存在という人間理解を生み出す。

2．ロゴスに対する理解

（1）ロゴスの本質

❶露わにする／隠す

　ロゴス（logos）の元は動詞のレゲイン（legein）であり，それは「集める，拾い上げる」ことを意味していた。拾い上げられるものが語られうるものであり，この意味においてlegeinは「語る」も意味した（谷﨑 2002：52）。それ故，ハイデガー（Heidegger, Martin）がいうように「語り」としてのロゴスは，語りにおいて「語られて」いるものを露わにする（Heidegger＝2013：191）。すなわち，ロゴスとは「現象を取り集め，そこに有意味な図柄を浮き彫りにする働き」（田島 2012：1360）を意味する。

　しかし，ロゴスを理解する上で重要な指摘をしているのがヘラクレイトスでありパルメニデス（Parmenidēs）である。彼らは「掬い取ることにおいて喪うものに対面することを，求めている」（谷﨑 2002：54）。ロゴスはあくまであるものを露わにすると同時に隠す働きをもっているのである。

❷秩序や原因を理解する（理性という能力）

　生成流転する現象の背後には一定のロゴスが存在し，人間の知性にはそのロゴスを理解する能力がある。そうした能力がラチオと呼ばれるようになり，「或るものを或るものと見なす」判断能力，秩序や原因を理解する理性という意味をもつようになった。

（2）ロゴス・科学技術・実践理性

❶ロゴスと技術

　アイスキュロスの『縛られたプロメテウス』によれば，「技術」はプロメテウスによって人間に与えられたとされる（藤沢 1993：142）。ここで与えられ

た技術とは，人間を愚かさから救い，混沌として「行き当たりばったり」の惨めな暮らしに光明を与える知性，思慮であった（藤沢 1993：144）。同様にプラトン（Platōn）においても，「技術」は人間の知そのものと等価に捉えられていた（藤沢 1993：156）。プラトンにおける技術は，対象となる物事の根拠（原因）を知り，理論的説明（ロゴス）を与えることができなければならないのであり，この点で技術は経験や熟練と区別された（藤沢 1993：160）。

❷人間と自然の分離

先に見たヘラクレイトスだけでなくプラトンにおいても，理性（ロゴス）は人間の本性であるだけでなく，自然（世界と宇宙）の本体でもあった。プラトンの『ティマイオス』によれば，善なる構築者である神は，この宇宙を魂と理性とを備えた生きものとして創造した（Platōn＝1975：31-32）。人間の魂と理性は，宇宙の秩序と理性を観想することにより，それと本来は同族でありながらも変質してしまっているみずからの本来的秩序を回復しようとしたのであった（高橋 2005：253）。ここでいう観想とは，ギリシア語のテオリア（theōria）であり，基本的には，眺めること，観照することを意味する（丹治 1998：1694）。ただし，テオリア（theōria）は，出来事から離れ観察者の立場（視点）に立つというよりは，神々を称える祭礼の使節に加わること，出来事に真に関与すること，実際にその場に居合わせることを意味した（Gadamer＝1988：21-22）。

しかし，プラトンの時代にすでに始まり，近代社会になって全面化したのが，自然（世界と宇宙）からの人間の分離である。ここにおいて人間は，自然とはもはや同族のものではなく，むしろ物的自然に相対峙する例外的存在として自己を意識する（高橋 2005：254）。

❸科学技術

「この書物（宇宙）は，数学の言葉と，三角形，円などの幾何学図形の文字で書かれています」（Galilei＝1976：104）という言葉が示すように，ガリレオ

(Galilei, Galileo) は，物事を構成する根源的物質は数学的に記述可能な性質を有しているという観念をもっていた。また，ガリレオ，デカルト，ロックは，大きさや形など数学的に記述可能な性質こそ本源的な「一次性質」であり，色や臭いなどの感覚的性質は「二次性質」に過ぎないといった観念をもっていた（佐々木 1996：64）。ガリレオをはじめ新しい（近代）科学を推進した人たちは，数学の言葉で書かれた自然の秩序を読み解くことだけを研究の目的と考えたが，新しい知識を技術と結びつけて自然を改変することは意図していなかった。

　これに対して，ベイコン（Bacon, Francis）は「もろもろの〈原因〉を知り，物事の秘められた運動を知る」という自然学の知識を「あらゆる事柄を可能にする」ための技術に応用するという考え，科学と技術を合わせるという構想を打ち出す（藤沢 1993：173）。ここにおける科学は実験装置を使い，自然現象を"人工的に"，すなわちある種，"不自然に"コントロールして，その法則性を探る科学であり，それは「ベイコン的科学」といわれる（佐々木 1996：74）。

　ベイコン的科学により，物事の原因や法則性を知り，自然をはじめ様々な物事に働きかける科学技術は，人間の欲望を実現するために有効な手段として目覚ましい成果をもたらすことになる。こうして，人間は自然を征服し，自然の主人公になっていった。

❹科学技術の問題

　科学技術を支える近代自然科学は，自然の万象をその構成要素である「物」の運動と配置・組合せに還元して捉える自然像を採択し，自然研究の基礎に据えた。この自然像は，自然の具体的全体の中から，人間の生物的生存と行動に直接的に関係し役立つような，目に見え計量の対象となる「物」に関わる局面だけを抜き書きした描像にほかならない。ここでは，目に見えず触れることもできない魂や心に関わる局面と，それに対応する様々な価値は原理的に排除されている（藤沢 1993：182-183）。

　そもそも技術とは，人間が自然環境の中で生きて行くための，他の動物たちの身体的装備に対応するような天与の自然的資質であった（藤沢 1993：186）。

第1章　社会福祉学を構築する言語

人間の場合は動物と異なり，そしてソクラテス（Sōkratēs）が問うたように，「善く生きること」を希求する。そこには様々な目的や価値が存在する（藤沢1993：186）。にもかかわらず，こうした目的や価値を問うことなく，ただひたすら経済的豊かさ（生産性），効率性のみを目的・価値にしているのが現状である。

　科学技術の問題は，極めて限定された目的と価値を前提とし，その目的や価値を問わないという点にある。

❺手段的理性と実践的理性

　科学技術をもたらす理性は手段的理性である。それは，目的選択を規制することはなく，ただ所与の目的に対する有効な手段選択のみを規制する。近代以降，理論的理性に対峙される実践的理性は，手段的理性へと変質していった。

　しかし，実践的理性には手段的理性とは別の形態（ないし能力）がある。それは，理性も歴史および社会の中にある主観に過ぎないことを自覚した上で，歴史や社会の中で提示されてきた様々な価値（例えば，自由，平等，尊厳，人権など）に気づき，それを価値として提示する能力（高橋 2005：263）である。この能力は，解釈学的経験における実践的理性といえるであろう。科学技術を生み出す手段的理性は，こうした実践的理性とともに用いなければならない。

（3）ロゴスの働き

❶露わにする（明らかにする）

　ロゴスのもともとの意味は「現象を取り集め，そこに有意味な図柄を浮き彫りにする働き」（田島 2012：1360）である。しかし，ロゴスがラチオと訳されることで，現象の背後にある秩序や規則性・法則を明らかにするといった意味合いをもつようになる。すなわち，ロゴスには，混沌とした現象の背後にある規則性や，それらの現象を生み出した原因や原理を明らかにする働きがある。

❷手段的理性と実践的理性の働き

　ロゴスが科学技術を生み出す手段的理性になると，分析と総合という方法（科学）を用いて，対象がもつ法則・規則性を明らかにし（ロゴス），それらを踏まえて対象に介入するようになる。そうすることで，ある（何らかの）目的を達成しようとする。また，ロゴスが価値や目的を吟味する実践的理性になると，歴史や社会の中で提示されてきた様々な価値（例えば，自由，平等，尊厳，人権など）に気づき，それを価値として提示したり，目的とされている価値を吟味したりする働きをするようになる。

3．社会福祉学を構成する4つの言語

　ダーバールとロゴスから社会福祉学を構成する4つの言語を演繹することができる。それは，思想的言語，文学的言語，理論的言語，そして技術的言語の4つである。

　最初に概念規定した通り，思想的言語とは，問い考えた結果，気づいた世界の見方や考え方，あるいは大切なこと（価値）を表す言葉である。具体的には，実践を支える倫理や政策を支える正義，目指すべき状態である尊厳の保持や共生など，社会福祉という営みの中で用いられる様々な価値や規範を表現する言語が思想的言語である。

　思想的言語の根幹にはルーアッハ（霊）を宿したダーバールがある。それは，人を駆り立てる力をもっている。人間には霊的な側面があり，かつ，実践的理性をもっているが故に，ダーバールに気づき，それを価値や規範といった思想的言語を用いて表現することができる。

　文学的言語とは，排除／忘却されていたもの，感じてはいたがうまく言葉にはできなかったもの，見ていたにもかかわらず見えていなかったものの理解を可能にする言葉である。すなわち，文学的言語はロゴスによって露わにされると同時に隠れてしまったものを表現する。その隠れてしまったものとは，例えば，一人ひとりのかけがえのなさであったり，他者の世界経験であったり，あ

るいは，排除／忘却されている人たちの人生だったりする。

　理論的言語とは，対象となるものから離れ（そのものを対象化し），その対象の背後にある規則性や原因・原理を明らかにする言葉である。これは，ロゴスがもつ最も本来的な在り方を示した言葉である。

　そして，理論的言語と科学技術が結びついたところに生まれたのが技術的言語である。これは，一定の目的のために必要な方法や技術に関する言葉である。

Ⅶ　社会福祉学を構成する言語の具体的内容

１．ダーバールとロゴス

（１）根源にあるダーバール

　社会福祉学の根源にはダーバールがある。この言葉は，他者への責任＝倫理やいのちの大切さという価値に気づかせてくれる思想的言語として表現される。また，ダーバールは一人ひとりの切実な思いを訴える言葉に宿り，それが文学的言語として表現される。

　ダーバールは呼びかけであり，それは価値や人の思いを表現しているが故に，人を支援へと駆り立てる。ダーバールにおいては，学知（社会福祉学）と現実（社会福祉）という乖離はなく，学知（社会福祉学）の根源にある言葉（ダーバール）は行為となり，その行為が社会福祉という出来事を創造する。社会福祉学（そして社会福祉）はこうした言語＝行為＝出来事（ダーバール）を根源にして構築される。

（２）体系化するロゴス

　社会福祉学は，ダーバールを根源に据えた上でロゴスによって，社会福祉という営みを露わにする。この言葉（ロゴス）は，社会福祉という営みを事実として記述するだけではなく，そこにある規則性・法則を明らかにする理論的言語として表現される。ここで明らかにされた現実と，実践的理性によって気づ

かれ吟味された価値や規範に基づき，社会福祉の目的や理念が提示される。そして，その目的や理念を実現するために必要となる方法が技術的言語として表現される。

しかし，ロゴスが生み出す言語はこれだけではない。ロゴスには露わにする働きと同時に隠す働きがある。こうした隠す働きが故に，見え難く，時に忘却されている事柄に応えようとする文学的言語もロゴスは生み出す。

社会福祉学は，こうした言語（ロゴス）の働きにより体系化され，学知として構築されていく。

２．４つの言語の具体的内容

（１）思想的言語

❶他者への責任＝倫理と正義

支援を必要としている他者の「呼びかけ」（ダーバール）に応えようとする責任が，私たちが人としてすべきこと，すなわち，倫理である。「呼びかけ」（ダーバール）は人が潜在的に宿している他者への責任＝倫理を呼び覚ます。そして，こうした倫理を起点とした正義の探究を促す。

支援を必要としている他者の「呼びかけ」があり，その呼びかけに応えている実践が歴史を振り返ると確認される。そして，いまこの時も，様々なところで行われている。そうした「呼びかけ―応答」という営みの意味を露わにするのが，社会福祉学の第一の課題である。本章はこの課題に応えるものであり，その結果として露わにしたことは，「呼びかけ―応答」の意味はダーバールという言葉＝行為＝出来事ということである。

❷一人ひとりの大切さ＝尊厳・人権

一人ひとりが，その人の死と共に消滅してしまう世界を生きている。そうした無数の世界が社会福祉という営みを構成する。それは，色川大吉が「どんな

第1章　社会福祉学を構築する言語

町の片隅の陋巷(ろうこう)に住む『庶民』といわれる者でも，その人なりの歴史をもっている。……中略……その人なりの歴史，個人史は，当人にとってはかけがえのない"生きた証(あか)し"であり，無限の想い出を秘めた喜怒哀歓の足跡なのである――この足跡を軽んずる資格をもつ人間など，誰ひとり存在しない」(色川1978：38)と表現するような世界である。

　一人ひとりが生きている世界は代替不可能なかけがえのないものであり，比較を超えた絶対的な価値がある。こうした価値が「尊厳」という言葉で表現され，人間には尊厳があるという人間理解が生まれる。そして，人間には尊厳があるが故に人権があるとされる。

（2）文学的言語

❶いのちの叫び・訴え

　一人ひとりが生きている現実の世界がある。認知症が進行した人に立ち現れている世界もあれば，その人を介護している人に立ち現れている世界もある。あるいは，自閉症の人に立ち現れている世界もあれば，保護者からの酷い虐待を受けている子どもに立ち現れている世界もある。そうした世界を生きている人が語る言葉がある。しかし，中には，虐待を受けている乳幼児が発する叫びのように，他者に聴き取られることなく消えていっている言葉も数多く存在する。

　もし人がこうした言葉を聴いたならば，その言葉は聴いた者の心に響き，何かをしなければという思いを駆り立てる。これらの言葉や声が文学的言語であり，そこにはダーバールが宿っている。

　理論的言語や技術的言語，さらに思想的言語のもっと手前にあるこうした文学的言語こそが，社会福祉学構築の始源にある。

❷隠れたものに目を向ける

　ブランショ（Blanchot, Maurice）は『終わりなき対話』(1969)の頃から「可能なものを名づける」という要請と「不可能なものに応える」という要請が，

言語活動の2つの重心をなすと繰り返し述べている（湯浅・上田・西山・郷原 2008：115, 上田の発言）。そしてその要求を「可能なものを名づけつつ，不可能なものに応えつつ（強調は原文）」（Blanchot＝2008：142）と定式化する。

「可能なものを名づける」という活動は，ある物事の意味を「語り」により露わにすることである。しかし，語ろう（名づけよう）とすると，そこから零れていくにもかかわらず，いつも密かに呼びかけているものがある。文学はそれに応答する。すなわち，文学は「不可能なものに応える」営みなのである。

社会福祉学が理論的言語や技術的言語によって占められる中で，一人ひとりの人が生きている現実や，そこで呼びかけている言葉や声が隠れてしまっている。こうした隠れたものに応え，言葉を与えるのが文学的言語である。そこにあるのは，ロゴスの「隠す」働きに呼応し，そこで隠されたものに応えようとする働きである。文学的言語を導入することで，社会福祉が対応しなければならない現実に向き合った社会福祉学の構築が可能となる。

❸結びつける

ローティ（Rorty, Richard）は連帯を，「伝統的な差異（種族，宗教，人種，習慣，その他の違い）を，苦痛や辱めという点での類似性と比較するならばさほど重要ではないとしだいに考えてゆく能力，私たちとはかなり違った人びとを『われわれ』の範囲のなかに包含されるものと考えてゆく能力」（Rorty＝2000：401）と捉える。そして，人間の連帯は見知らぬ人たちも「苦しみに悩む仲間」と見なすようになる想像力によって創造されるという（Rorty＝2000：7）。

しかしながら，残虐な行為の犠牲者や苦しみを受けている人びとは，言語によって語りうるものをほとんどもっていない。こうした被抑圧者の声や犠牲者の声を表現するのが小説家，詩人，ジャーナリストである（Rorty＝2000：192）。小説家，詩人，ジャーナリストが書く文学は，「言葉によって，言葉が喚起する想像力と共感の力によって，『いま，ここ』にいない者たちとわれわれを結びつける」（小野 2012：154）。

社会福祉が対応しなければならない現実を知り，かつ，その状況にいる人た

第1章　社会福祉学を構築する言語

ちとの連帯を可能にするために，社会福祉学には，文学によって語られる文学的言語が必要なのである。

（3）理論的言語

❶対象を整理して記述する

社会福祉学は，社会福祉という営みを記述説明する上で基礎となる概念を見出し，それに意味を付与する。こうした概念規定，あるいは定義に用いられるのが理論的言語である。また，社会福祉学は社会福祉という営みを，例えば，対象，目的，主体，方法といったカテゴリーを使って整理する。こうしたカテゴリーを使って社会福祉を整理して記述するのも理論的言語である。これらは対象の状態を記述する理論的言語である。

❷関連性や規則性を説明する

社会福祉学は，社会福祉という営みを記述するだけではなく，ある事象と他の事象の関連性や規則性を明らかにすることで，社会福祉という営みを説明できなければならない。こうした説明をするために用いられるのも理論的言語である。この場合，数字や記号が用いられることが多くなる。これらは対象の規則性などを説明する理論的言語である。

❸意味を理解／解釈する

ディルタイは「人間の状態が体験される限り，それが生の現われとなって表現される限り，さらにこれらの表現が理解される限り，人間は精神諸科学の対象として成立する」（Dilthey＝1981：22）と述べている。社会福祉学は人間一人ひとりの体験も対象とするため，体験していることの意味を理解したり解釈したりすることが必要となる。こうした理解や解釈に用いられる言葉も理論的言語である。これらは対象の意味を解釈する理論的言語である。

ただし，❶と❷における理論的言語の理論（テオリア）は，対象から距離を

置き眺めるといった意味であるのに対して，❸における理論（テオリア）は，その語の始原的な意味である，出来事に真に関与すること，実際にその場に居合わせることを意味する。

（4）技術的言語

社会福祉は，個々人のニーズの充足，支え合うことができる地域社会の構築，社会における不正の是正など，ある目的の実現に向けた営みである。こうした営みをもたらすのが，社会福祉学における技術的言語である。それは，科学に基づき，ある状態を生み出している原因や規則を解明し，それを踏まえて，目的を実現するために必要な方法（科学技術）を明らかにする。

社会福祉という営みは，ある目的の実現に向けた取り組みである限り，技術的側面（これには政策レベル，経営レベル，実践レベルがある）を強くもつ。それは，社会福祉という営みの中では「方法」という言葉で表現され，様々な場面で用いられている。こうした方法を探究し表す言葉が技術的言語である。

この技術的言語は，ある事象（課題／問題）から目標（実現すべき状態）に至るために求められる，最も有効で効率的な方法（手順や働きかけ方）を明らかにするものである。これは目標達成に必要な事柄を取り集め，そこに有効な方法というものを浮き彫りにする働きであり，この意味で，技術的言語も理論的言語と同様にロゴスに属する。

Ⅷ　ダーバールとロゴスに基づく社会福祉学の構築

1．ダーバールとロゴスを用いる人間の知的能力

（1）知性＝理性知―理性＝論証知―感性＝感覚

手段的理性へと変質したロゴスが科学主義／自然主義を生み出し，理論的言語や技術的言語によって科学は語られている。そして，私たちが生きている世界は物質の集積と見なされる。こうした傾向に抗し，心といのちある世界にお

第1章　社会福祉学を構築する言語

いて社会福祉学を構築していくためには，歴史の中で忘却されてしまったダーバールとロゴスを見出すことができる人間の力を回復する必要がある。それは，「知性＝理性知（nous：ギリシア語, intellectus：ラテン語）―理性＝論証知（ratio：ラテン語）―感性＝感覚（sensatio：ラテン語）」という総合的な力である。ここでいう知性の意味を説明しているのが次の文章である。長くなるがすべて引用する。

「（知性とは）知的な直観・思考・判断・発見の能力。〈理性〉が，概していえば間接的論弁的に推論を積み重ねる形で働き，事象の洞察に漸次的に近づくのにくらべて，知性は一息に事象の内側に分け入り洞察を獲得する。その意味で知性は，高次，低次の別はあるものの，〈直観的〉に働くという特性を〈感性〉あるいは〈感覚〉と共有し，間接的にはたらく〈理性〉と対立する。こうして知性は，一般に理性よりもより高次の能力あるいは構成要素とされ，古代から近世初頭にかけてしばしば出現する〈知性―理性―感性（感覚）〉という階層秩序が立てられる。知性は，さらに，ときとして人間のうちにあって単なる人間的なものを超えるものの座とされ，不死にあずかり，宇宙を動かす根本原理ないし絶対者と交わる場所とされる」（坂部　1998：1065）

これに対して，理性はratioであり，その意味は第一原因（原理）を認識したり，そうした原理から推論することで論証したりする能力，言い換えれば，論理力（ラテン語のratioのもとの意味であるギリシア語のlogosがもっていた力）を意味する。そして感性は，身体の感覚を通して感じられるものを意味する。引用したような意味における知性が衰退ないし忘却され，感性が軽視される中，理性が重視されているのが近現代という時代である。

そもそも知性を意味するギリシア語のヌースは個々人の知性を意味すると同時に，宇宙全体を統べる神的組織原理を意味していた（坂部　1997：62）。そして，知性には能動知性と可能知性（受動知性）の区別があった。能動知性とは

神のようにすべてを創り出す光のような働きであり，可能知性（受動知性）は能動知性の働きにより，物事を知ることができるようになる働きである（水田 1998：1251）。しかし，オッカムの唯名論において感覚的直観に認識の源泉を認めた結果，能動知性は後退し，知性は可能知性（受動知性）と理解されるようになった（坂部 1998：1066）。そしてカントにおいて，これまでの知性―理性―感性という階層が，理性―悟性(知性)―感性となり，知性と理性の位置が入れ替わった（坂部 1997：88）。

こうして，宇宙を動かす根本原理ないし絶対者と交わる場所であり，直観的な能力である知性が歴史の中に埋もれていき，代わりに，間接的論弁的に推論を積み重ねる働き，事象の洞察に漸次的に近づく理性が学知の主役を務めることとなった。

（２）ダーバールを直観・理解する知性

知性の衰退により，人間はみずからがもつ霊的次元を忘却し，神の言葉であるダーバールを聴くことが困難になった。しかし，これまでの考察を踏まえるならば，心といのちある世界の中で社会福祉学を構築していくためには，歴史の中で埋もれてしまった（あるいは排除されてしまった）知性と感性を取り戻し，知性―理性―感性といった人間がもつ力を十分に開花させることが必要となる。

アリストテレス（Aristotelēs）は公理のように感覚に由来せず論証もできない原理を学問の基礎に据える点で，それを捉える知性の直観作用を認めていた（瀬戸 1988：1067）。しかし，カント（Kant, Immanuel）は直観的な知性を人間の認識能力としては明確に否定し，論証的な知性（悟性）だけを認め，直観を感性に限った（瀬戸 1998：1067）。カントによって見失われた知性を社会福祉学に取り入れた時，ダーバールという言葉を聴くことができ，それを社会福祉学の公理として設定することが可能となる。また，社会福祉学に知性を取り入れた時，今日では十分に理解されていない尊厳，人格，愛という言葉の意味を理解することが可能となる。簡単に説明すれば次のようなことである。

坂部は，14世紀のメイン・イシューである実在論と唯名論の対立は，個を，汲み尽くしえない豊かさをもち，普遍者や存在をいわば分有するものとみなすか，全く反対に，それを第一の直接与件として，しかも単純で確定された規定を帯びた，世界と思考のアトム的な構成要素とみなすかである，と指摘している（坂部 1997：47-48）。前者は，神という普遍者がおり，その普遍者を神の似姿という形で分有する人格を表し，後者はそうした神（普遍者）などなく，個別バラバラに存在する個人を表す。神（普遍者）を直観する知性が衰退していく中で，人間は個人と理解されるようになり，その個人が社会を構成するといった前提の下で社会科学が構想されていく。しかし，個をバラバラな個人ではなく「汲み尽くしえない豊かさをもち普遍者や存在をいわば分有するもの」と捉える見方がある。それをよく示しているのがトマス・アクィナス（Thomas, Aquinas）である。

トマスによれば，イエス・キリスト（Iēsous, Jesus）において「神が人になる」＝「受肉する」ことの根拠は，神がみずからを最高度に人間に分かち与える自己拡散性・自己伝達性に求められる（山本 2014：212）。「善はみずからを拡散させる（bonum est diffusivum sui）」という命題によって定式化されるこの原理は，「善いもの（充実しているもの）は自らの存在の豊かさを自己閉鎖的に独占するのではなく，自ずと溢れ出すような仕方で他のものへと分かち与えていく在り方をしている」（山本 2014：212）ことを意味している。こうした神（普遍者）の働きにより，神の似姿として尊厳があるという人間理解が生まれ，また，溢れる愛を人間が分有することで，他者や神を愛することが可能となる。そして，そうした人間が人格として表現される。

今日の社会福祉学は，理性（論証知）の働きのもと，観察事実と論理を根拠（エビデンス）として組み立てようとしているため，社会福祉という営みの中で実際に使われている尊厳という言葉を説明できないでいる。そして，学的な根拠に基づく説明がなされないため，社会福祉において重要であるといわれている「尊厳」が空虚な言葉となってしまっている。

このような現状に対して，尊厳に学的根拠を与えるのが知性である。歴史の

中に埋もれてしまっている「知性」を再発見し，その知性を取り入れた知性—理性—感性という人間の知的能力をもって社会福祉学を構築していった時，社会福祉学は尊厳について，根拠ある説明をすることができるようになる。

2．ダーバールとロゴスによって構築される社会福祉学

(1) 社会福祉学の公理となるダーバール

　学知とは，前提となる知（真なる知＝真理）→推論→新たに得られた確実な知（真理）といった体系（論証という体系）と，予測する力をもった知識である。このうち，社会福祉学の前提となる知（真なる知＝真理）を表す言葉がダーバールである。

　いつの時代・社会にも抑圧され虐げられた人たちからダーバールが発せられている。ダーバールは，抑圧され虐げられた人たちに関わった人が潜在的にもっている霊的次元，そして知性を触発する。触発された人たちは，呼びかけに応えるように促され行動を起こす。ダーバールにおける呼びかけと応答の中から，他者への責任＝倫理，いのちを大切にしようとする愛や尊厳，そして，これらを基盤に形成される正義に気づく。これらの価値が社会福祉という営みの基盤となり社会福祉学の公理となる。そして，この価値からロゴス（論理）を使って社会福祉の理念や目的といった価値が導き出される。

(2) 社会福祉学を体系化するロゴス

　こうした価値を軸に展開する社会福祉という営みの背後にある規則性を解明するのがロゴスである。そして，その規則性を踏まえ，理念・目的を実現するために必要な技術を明らかにするのもロゴスである。さらに，ここで明らかにされた物事の背後に隠れてしまった現実に目を向けるようにするのもロゴスである。

　本章によって明らかにしたように，ダーバールとロゴスという性質の異なる2つの言語によって社会福祉学は構築されていく。

第1章　社会福祉学を構築する言語

IX　おわりに

　この章の考察によって明らかにしたことは，社会福祉という営みの根底には，そして，社会福祉学の根底にも，歴史の中で忘却されていったダーバールとロゴスという「言語」があるということである。こうした言語が社会福祉という営みを生み出し，同時に，社会福祉学を構築する。

　私たちは歴史の中で，生成変化する言語の中で生まれる有限な存在である。限られた理解力しか持ち合わせておらず，また，限られた経験しかできない。それが故に，歴史に規定された思考の枠組みの中で，多分に先入見をもった中で社会福祉を理解している。社会福祉に対して，限られた理解しかできない人間を，より普遍的な理解へと導くものが「言語」である。その言語は意味を生み出す。それが故に，社会福祉学は社会福祉を「意味」の次元で捉え，そのことを通して，社会福祉に対する普遍的な理解（真なる理解）をもたらす営みであるといえる。

　こうしたことを念頭に置きながら，以下の章では，社会福祉学が成立するためには不可欠な論点について考察する。

[文献]
阿部志郎（1997）『福祉の哲学』誠信書房.
阿部志郎（2011）『社会福祉の思想と実践』中央法規出版.
秋山智久（1982）「『社会福祉哲学』試論——平和・人権の希求と社会福祉的人間観の確立」『社会福祉研究』30，鉄道弘済会社会福祉部，14-19.
秋山智久（1999）「第2章　人間の幸福と不幸——社会福祉の視点より」嶋田啓一郎監修，秋山智久・高田真治編著『社会福祉の思想と人間観』ミネルヴァ書房，20-47.
Apel, K. O. (1973) Sprache als Thema und Medium der transzendentalen Reflexion: in *Transformation der Philosophie*, Bd II, Suhrkamp Verlag, Frankfurt am Main.（＝1979，今泉元司・安彦一恵訳「超越論的反省の主題と媒体としての言語——言語哲学の現況について」ハインテル，E.・ロムバッハ，H.・ヤニヒ，P.・ほか著，礒江景孜・下村鎚二・今泉元司・ほか訳『言語哲学の根本問題』晃洋書房，

305-333).

麻生　建（1985）『解釈学』世界書院.

麻生　建（1989）『ドイツ言語哲学の諸相』東京大学出版会.

粟田賢三・古在由重編（1979）『岩波哲学小辞典』岩波書店.

Blanchot, M.（1969）《Le grand refus》, in *L'entretien infini*, Gallimard.（= 2008, 湯浅博雄訳「大いなる拒否：『終わりなき対話』収録」『ブランショ　生誕100年——つぎの百年の文学のために』思潮社，120-144）.

Boman, T.（1954）*Das hebräische Denken im Vergleich mit dem Griechischen*, 2Aufl. Vandenhoeck & Ruprecht.（=2003，植田重雄訳『ヘブライ人とギリシヤ人の思惟（オンデマンド版）』新教出版社）.

Buber, M.（1923）*Ich und Du*, Insel-Verlag, Leipzig.（=1979-a，植田重雄訳「我と汝」『我と汝・対話』収録，岩波書店，5-168）.

Buber, M.（1932）*Zwiesprache*, Schocken Verlag, Berlin.（=1979-b，植田重雄訳「対話」『我と汝・対話』収録，岩波書店，169-239）.

Dilthey, W.（1910）*Der Aufbau der geschichtlichen Welt in den Geisteswissenschaften*，（=1981，尾形良助訳『精神科学における歴史的世界の構成』以文社）.

Ellison, R.（1982）*Invisible Man*, New York : Random House.（=2004-a, 松本　昇訳『見えない人間（Ⅰ）』南雲堂フェニックス）.

Ellison, R.（1982）*Invisible Man*, New York : Random House.（=2004-b, 松本　昇訳『見えない人間（Ⅱ）』南雲堂フェニックス）.

藤沢令夫（1993）『世界観と哲学の基本問題』岩波書店.

古川孝順（1994）『社会福祉学序説』有斐閣.

Gadamer, H-G.（1975-a）*Wahrheit und Methode*：*Grundzüge einer philosophischen Hermeneutik*, Tübingen, Mohr, 4.Auflage.（=2008, 轡田　收・巻田悦郎訳『真理と方法Ⅱ——哲学的解釈学の要綱』法政大学出版局）.

Gadamer, H-G.（1975-b）*Wahrheit und Methode: Grundzüge einer philosophischen Hermeneutik*, Tübingen, Mohr, 4. Auflage.（=2012, 轡田　收・三浦國泰・巻田悦郎訳『真理と方法Ⅲ——哲学的解釈学の要綱』法政大学出版局）.

Gadamer, H-G.（1976）*Vernunft im Zeitalter der Wissenschaft*, Suhrkamp Verlag.（= 1988, 本間謙二・座小田豊訳『科学の時代における理性』法政大学出版局）.

Galilei, G.（1890-1909）*Opere di Galileo Galilei, Edizione nazionale, a curadi Antonio Favaro, 21 vol.* Firenze.（=1976, 青木靖三訳『世界の思想家　ガリレオ』平凡社）.

Goodenough, E.R.（1962）*An Introduction to Philo Judaeus, Second Edition*, Oxford, Basil Blackwell.（=1994, 野町　啓・兼利琢也・田子多津子訳『アレクサンドリアのフィロン入門』教文館）.

Гроссман, В.（2007）ЖИЗНЬ И СУДЬБА, Издательство АТС社（=2012, 齋藤紘一訳『人生と運命　2』みすず書房）.

第1章　社会福祉学を構築する言語

Heidegger, M.（1927）*Sein und Zeit*, 1．Aufl.（＝2013, 熊野純彦訳『存在と時間（一）』岩波書店）．

Henry, M.（1987）*La Barbarie,* Grasset & Fasquelle, Paris.（＝1990, 山形頼洋・望月太郎訳『野蛮――科学主義の独裁と文化の危機』法政大学出版局）．

Henry, M.（2002）*Paroles du Christ,* Paris Éditions du Seuil,（＝2012, 武藤剛史訳『キリストの言葉――いのちの現象学』白水社）．

保苅瑞穂（2010）『プルースト　読書の喜び――私の好きな名場面』筑摩書房．

本田哲郎（2010）『聖書を発見する』岩波書店．

本田哲郎（2013）「Ⅰ　そこが知りたい　聖書への九つの問い　1　小さくされた人びとから」荒井　献・本田哲郎・高橋哲哉『3・11以後とキリスト教』ぷねうま舎, 13-73.

Husserl, E.（1911）Philosophie als strenge Wissenschaft. in：*Logos 1*, S. 289-341（＝1969, 佐竹哲雄訳『厳密な学としての哲学』岩波書店）．

Husserl, E.（1954）*Die Krisis der europäischen Wissenschaften und die transzendentale Phänomenologie*：Eine Einleitung in die phänomenologische Philosophie, *Husserliana* Bd.Ⅵ, Haag, Martinus Nijhoff.（＝1995, 細谷恒夫・木田元訳『ヨーロッパ諸学の危機と超越論的現象学』中央公論新社）．

色川大吉（1978）『ある昭和史――自分史の試み』中央公論新社．

糸賀一雄（1968）『福祉の思想』日本放送出版協会．

糸賀一雄（1982）『糸賀一雄　著作集Ⅱ』日本放送出版協会．

門脇俊介（1996）『哲学教科書シリーズ　現代哲学』産業図書．

掛谷英紀（2005）『学問とは何か――専門家・メディア・科学技術の倫理』大学教育出版．

木原活信（2014）『シリーズ・福祉を知る1　社会福祉と人権』ミネルヴァ書房．

久保田周（1974）「ダルマとロゴスの周辺――その比較思想論的展開」日本福音主義神学会編『福音主義神学』5, 1-24.

日下部吉信（2012）『シリーズ・ギリシア哲学講義Ⅰ　初期ギリシア哲学講義・8講』晃洋書房．

Lévinas, E.（1982）*Éthique et Infini, Dialogues avec Philippe Nemo,* Fayard.（＝2010, 西山雄二訳『倫理と無限――フィリップ・ネモとの対話』筑摩書房）．

Lévinas, E.（1984）*Transcendance et intelligibilité, suivi d'un entretien*, Labor et Fides.（＝1996, 中山　元訳『超越と知解可能性――哲学と宗教の対話』彩流社）．

Lévinas, E.（1991）*Entre nous,* Grasset.（＝1993, 合田正人・谷口博史訳『われわれのあいだで』法政大学出版局）．

Lévinas, E., Burggraeve, R. éd（1997）*Emmanuel Lévinas et la socialité de l'argent. Un philosophe en quête de la réalité journalière. La genèse de Socialité et argent ou l'ambiguïté de l'argent,* Peeters, Leuven.（＝2003, 合田正人・三浦直希訳『貨幣の哲学』法政大学出版局）．

巻田悦郎（2008）「訳注」ハンス＝ゲオルグ・ガダマー著，轡田　收・巻田悦郎訳『真理と方法Ⅱ——哲学的解釈学の要綱』法政大学出版局，650-675.

丸山高司（1997）『現代思想の冒険者たち12　ガダマー　地平の融合』講談社.

丸山高司（1998）「解釈」廣松　渉・子安宣邦・三島憲一・ほか編『岩波哲学・思想事典』岩波書店，205.

宮本久雄（1989）『教父と愛智——ロゴスをめぐって』新世社.

宮本久雄（2012）『他者の風来——ルーアッハ・プネウマ・気をめぐる思索』日本キリスト教団出版局.

水垣　渉（2004）「《言葉》の始原」平石善司・山本誠作編『ブーバーを学ぶ人のために』世界思想社，34-54.

水田英実（1998）「能動知性／可能知性」廣松　渉・子安宣邦・三島憲一・ほか編『岩波哲学・思想事典』岩波書店，1251.

武藤剛史（2012）「訳者あとがき」ミシェル・アンリ著，武藤剛史訳『キリストの言葉——いのちの現象学』白水社，199-248.

村田康常（2004）「『我と汝』解題」平石善司・山本誠作編『ブーバーを学ぶ人のために』世界思想社，55-80.

中岡成文（1988）「解釈学」竹市明弘・常俊宗三郎編『哲学とはなにか——その歴史と可能性』勁草書房，100-110.

Neher, A（1955）*L'Essence du Prophétisme*, Paris, Presses Universitaires du France.（＝1971, 西村俊昭訳『予言者運動の本質』創文社）.

野家啓一（1993）『科学の解釈学』新曜社.

野家啓一（1998）「知識【現代】」廣松　渉・子安宣邦・三島憲一・ほか編『岩波哲学・思想事典』岩波書店，1061-1062.

小倉襄二（1981）『社会状況としての福祉——発想を求めて』法律文化社.

小倉襄二（1983）『市民福祉の政策と思想——参加と計画』世界思想社.

小倉襄二（1996）『福祉の深層——社会問題研究からのメッセージ』法律文化社.

小野正嗣（2012）『ヒューマニティーズ　文学』岩波書店.

大貫　隆（1998）「ロゴス【ヘブライ・キリスト教】」廣松　渉・子安宣邦・三島憲一・ほか編『岩波哲学・思想事典』岩波書店，1740.

大澤真幸（2012-a）「社会」大澤真幸・吉見俊哉・鷲田清一編『現代社会学事典』弘文堂，559-561.

大澤真幸（2012-b）「社会学史」大澤真幸・吉見俊哉・鷲田清一編『現代社会学事典』弘文堂，573-577.

大内和彦（2006）『福祉の伝道者　阿部志郎』大空社.

Platōn（1902）Burnet,J. *Platonis Opera*, Vol. IV, Oxford Classical Texts.（＝1975, 種山恭子訳『ティマイオス』〔『プラトン全集　12』収録〕岩波書店，1-215）.

Proust, M.（1995-1997）*À la Recherche du Temps Perdu*, 4vol, Gallimard（＝2007, 鈴木道彦訳『失われた時を求めて12　第七篇　見出された時Ⅰ』集英社）.

リーゼンフーバー, K. (2000)『西洋古代・中世哲学史』平凡社.
Rorty, R. (1989) *Contingency, Irony, and Solidarity*, Cambridge University Press.（＝ 2000, 齋藤純一・山岡龍一・大川正彦訳『偶然性・アイロニー・連帯』岩波書店）.
坂部　恵 (1997)『ヨーロッパ精神史入門――カロリング・ルネサンスの残光』岩波書店.
坂部　恵 (1998)「知性」廣松　渉・子安宣邦・三島憲一・ほか編『岩波哲学・思想事典』岩波書店, 1065-1066.
坂部　恵 (2005)『モデルニテ・バロック――現代精神史序説』哲学書房.
坂口ふみ (1993)「Ⅱ部　愛と理性――キリスト教の思想」岩田靖夫・坂口ふみ・柏原啓一・ほか編『西洋思想のあゆみ――ロゴスの諸相』有斐閣, 95-179.
坂口ふみ (1996)『〈個〉の誕生――キリスト教教理をつくった人びと』岩波書店.
坂口ふみ (1999)「著者コメント：書評会　坂口ふみ著『〈個〉の誕生――キリスト教教理をつくった人びと』」中世哲学会編『中世思想研究』41, 135-141.
佐々木一也 (2008)「ガダマー」野家啓一編『哲学の歴史　第10巻　危機の時代の哲学　現象学と社会批判』中央公論新社, 376-413.
佐々木　力 (1996)『科学論入門』岩波書店.
杉山　春 (2013)『ルポ虐待――大阪二児置き去り死事件』筑摩書房.
瀬戸一夫 (1998)「知的直観」廣松　渉・子安宣邦・三島憲一・ほか編『岩波哲学・思想事典』岩波書店, 1066-1067.
柴田善守 (1979＝2011)「社会福祉の哲学的基礎づけに関する覚書」岩田正美監修・岩崎晋也編著『リーディングス日本の社会福祉　第1巻　社会福祉とはなにか――理論と展開』日本図書センター, 422-429.
嶋田啓一郎 (1980)「第1章　社会福祉思想と科学的方法論」嶋田啓一郎編『社会福祉の思想と理論』ミネルヴァ書房, 3-64.
嶋田啓一郎 (1999)「第1章　福祉倫理と本質課題――主体性の黄昏れと人格価値」嶋田啓一郎監修, 秋山智久・高田真治編著『社会福祉の思想と人間観』ミネルヴァ書房, 2-19.
高橋憲雄 (2005)「実践理性の空洞化」竹市明弘・小浜善信編著『哲学は何を問うべきか』晃洋書房, 247-264.
武田さち子 (2004)『あなたは子どもの心と命を守れますか！』WAVE出版.
丹治信春 (1998)「理論」廣松　渉・子安宣邦・三島憲一・ほか編『岩波哲学・思想事典』岩波書店, 1694.
田島正樹 (2012)「ロゴス」大澤真幸・吉見俊哉・鷲田清一編『現代社会学事典』弘文堂, 1360.
谷崎秋彦 (2002)「古代ギリシアのロゴス――隠蔽と露呈としてのロゴス」『東京工芸大学工学部紀要. 人文・社会編』25（2）, 49-57.
戸田山和久 (2002)『哲学教科書シリーズ　知識の哲学』産業図書.
Tresmontant, C. (1956) *Essai sur la pensée hébraïque*, Les Éditions du Cerf.（＝1963,

西村俊昭訳『ヘブル思想の特質』創文社).
内田　樹（2007）『村上春樹にご用心』アルテスパブリッシング.
渡邊二郎（1994）『構造と解釈』筑摩書房.
山本　巍（1998）「ロゴス【ギリシア哲学】」廣松　渉・子安宣邦・三島憲一・ほか編『岩波哲学・思想事典』岩波書店, 1739.
山本おさむ（1998）『「どんぐりの家」のデッサン』岩波書店.
山本芳久（2014）『トマス・アクィナス　肯定の哲学』慶応義塾大学出版会.
湯浅博雄（2008）「『大いなる拒否』をめぐって」『ブランショ　生誕100年──つぎの百年の文学のために』思潮社, 145-155.
湯浅博雄・上田和彦・西山雄二・郷原佳以（2008）「座談会　来るべきテクストのために　ブランショの現在」『ブランショ　生誕100年──つぎの百年の文学のために』思潮社, 84-119.

第 2 章
社会福祉学における正当化と根源にある知(公理)
——反自然主義(内在的なもの)の立場から

I　はじめに

　岡村重夫（1983）『社会福祉原論』，京極髙宣（1995）『社会福祉学とは何か――新・社会福祉原論』，古川孝順（2005）『社会福祉原論〔第2版〕』など，主に社会福祉原論というタイトルのもとに社会福祉学の構想が提示されてきた。これらの先行研究は，社会福祉という対象を体系的に記述説明するという点において，社会福祉学の構想という要件を満たしていると思われる。しかし，そうした構想によって示される学知は，明確な根拠のもとに真であるといえる知識なのだろうか。これは，社会福祉学の構想の問題ではなく，社会福祉学の正当化の問題である。

　先行研究の言葉の使い方にしたがえば，社会福祉原論の研究対象は社会福祉という営みであり，その課題は，社会福祉という営みを体系的に記述説明する社会福祉学を構想し提示することであった。これに対して，本章の研究対象は社会福祉学であり，その課題は，社会福祉学の正当化とその根源にある知の明確化である。こうした研究対象と課題をもつ研究領域を，ここでは社会福祉原論と区別して社会福祉学原論と呼びたい。

　この区別にしたがえば，社会福祉原論の先行研究には様々な構想，そして蓄積がある。冒頭に挙げたものの他に，竹中勝男（1956）『社会福祉研究〔改訂版〕』，竹内愛二（1959）『専門社会事業研究』，孝橋正一（1962）『全訂　社会事業の基本問題』，一番ヶ瀬康子（1964）『社会福祉事業概論』，真田是（1966）『社会保障』，木田徹郎（1967）『社会福祉事業』，嶋田啓一郎（1980）『社会福祉体系論』，松井二郎（1992）『社会福祉理論の再検討』，船曳宏保（1993）『社会福祉学の構想』，三浦文夫（1995）『増補改訂版　社会福祉政策研究』などである。その一方で，社会福祉学という学知そのものを対象とした研究は見当たらない。すなわち，社会福祉原論の研究はあっても社会福祉学原論の研究はないのである。

　1954年に日本社会福祉学会が創設され，様々な社会福祉学の構想が提示されてきた。現在では，多くの大学に社会福祉学部や社会福祉学科が存在し，そこ

第2章 社会福祉学における正当化と根源にある知（公理）

で社会福祉が教育されている。そして社会の中では，社会福祉と呼ばれる様々な活動が行われている。にもかかわらず，それらの教育や活動の根拠となる社会福祉学は未だに確立されていない。社会福祉の教育や活動の根拠となる社会福祉学を構築するためには，社会福祉学そのものを研究対象とし，そもそも学問とは何であり，社会福祉学の知識が真であるといえる根拠は何であるのかを明らかにする必要がある。

こうした問題意識のもと，社会福祉に関するある知識が真であるといえる根拠（正当化の仕組み・基準）を解明するとともに，その正当化の仕組みに基づき社会福祉学の前提（公理）となる知識を明らかにすることが本章の目的である。

社会福祉原論の研究者である古川は「戦後のわが国の社会福祉学研究のメインストリームは，一貫して社会福祉学を社会科学として位置づけ，その学的体系化を模索してきたといっても過言ではないであろう。……中略……社会福祉の解明は基本的には社会科学的な手法にもとづいてなされなければならないのである」（古川 1994：3-4）と述べている。確かに，社会福祉学という学問を構築していく主要な方法は科学であろう。そして，科学という方法は真とされる知識をもたらすであろう。しかし，「その学知は確かに真である」という根拠を示すこと（正当化）は，主として哲学の課題である。そのため本章では，哲学の知見を援用しつつ，物事の根源にまで遡り，みずからの頭で徹底的に考え抜く福祉哲学という思考を方法として用いる。そして，以下の手順により目的を達成する。

まず，学知を正当化する2つの立場を検討し，その後，それらの立場では不十分な点を乗り越える立場（本章が依拠する立場）を示す。次に，社会福祉学を正当化する上で本章が依拠する反自然主義の立場について説明する。ここでは，反自然主義に立つ正当化の方法として現象学があることを述べた上で，現象学における探究を可能にする諸概念（内在的視点，現象学的還元と間主観性，志向性の理論，生活世界と地平）について説明する。続けて，知を根拠づける仕組みと働き，すなわち，正当化の仕組みと働きについて説明する。ここでは，水平および垂直という2つの間主観性の仕組みと働きが学知を正当化する仕組

みと働きであることを明らかにする。そして最後に，社会福祉学の根源にある3つの公理を提示した上で，社会福祉学とは何であるのかを説明する。

II　学知の基礎づけ

　学知については第1章で取り上げたのでその説明は省き，ここでは学知の基礎づけについて論じる。最初に，言葉の意味を確認しておく。まず，本章のテーマである正当化である。正当化とは「信念や行為が，一定の評価基準に照らして『正しい』こと，すなわち，適切かつ十分な理由や証拠に基づいて妥当であること，またそれを示す過程を意味する」（野家　1998：920）。簡単にいえば，正当化とは，ある信念（思っていること）や行為に対して，納得ができる根拠（理由や証拠）があること，あるいは，あることを示す過程を意味する。

　次に「信念」である。先の定義にも，また，以下の文章にも「信念」という言葉がしばしば出てくる。「信念」は，知識の正当化の議論において用いられる言葉であり，beliefを訳したものである。日本語における「信念」は，「そのことを信じている」といった強いニュアンスがある。しかし，知識の正当化の際に用いられる「信念」は，「思っている」といった意味である（戸田山2002：3-4）。以下の文章でも，そうした意味で「信念」を理解してもらいたい。

1．学知を基礎づける2つの立場

（1）内在主義──基礎づけ主義と整合説

　経験を生み出した実在の在り方を問わず，主体に与えられた経験にだけ注目して正当化を論じる立場を内在主義という（門脇　1996：64）。この立場は，言い換えれば，表象と実在の関係を棚上げにして，表象（心の中の認知状態）だけで信念の正当化が決まるという立場である。この立場には基礎づけ主義と整合説がある。

第2章　社会福祉学における正当化と根源にある知（公理）

❶基礎づけ主義

　基礎づけ主義とは，信念の体系として，知識の基礎となる最終的な根拠が存在するという立場である。この立場は，a）最終的な根拠となる基礎信念が，他の信念の正当化との関連に関わらず存在し，それ自体で正当化され，b）その最終的な根拠（基礎信念）に，他のすべての信念の正当化が依存する，という2つの条件をもっている（門脇 1996：52-53）。しかしながら，こうした基礎づけは，次の理由から困難である。

（ⅰ）基礎信念がみずからを正当化することの不可能性

　まず，最終的な根拠とされる基礎信念が存在し得るか見てみよう。基礎信念を命題として表現したものを，ここでは基礎命題と呼びたい。その典型が「自己意識の明証性」と「感覚経験の訂正不可能性」である。自己意識の明証性とは，私が何かに対して間違った認識をしていたとしても，その時この私は，何かを意識していたということ自体は疑いえないことを表現する命題である。一方，感覚経験の訂正不可能性とは，私にはこの色は確かに赤く見えるという認識や，私は痛みを感じるという感覚の経験は疑いえないことを表現する命題である。

　野家は，こうした自己意識の明証性と感覚経験の訂正不可能性を表現する基礎命題について，「最後の拠りどころを『私的領域の特権性』，あるいは『私的経験の確実性』に求めている点で軌を一にしている」（野家 1993：241）と述べている。そしてその上で，「正当化された真なる信念」という知識の標準的分析は，知識（エピステーメー）を単なる「私的な思い込み（ドクサ）」から区別するために提起されたものであり，「正当化」とは，あくまでも，公共的な承認可能性を言論によって獲得する手続きでなくてはならない，と指摘する（野家 1993：242）。

　すなわち，自己意識の明証性と感覚経験の訂正不可能性という基礎命題は「私的な思い込み（ドクサ）」の域を出ず，公共的な承認可能性を言論によって獲得する手続きとなっていないが故に，信念を真であるといえる根拠にはならないのである。

（ⅱ）基礎信念に他のすべての信念の正当化が依存することの不可能性

次に，基礎信念に他のすべての信念の正当化が依存することが不可能であることについて，門脇の説明を引用する（門脇 1996：51-55）。

ハイキングの途中に私が，「森の向こうの湖は乙女池である」という信念（知覚判断）をもった（〜は乙女池であると思った）とする。この信念に対してハイキングを一緒にしていた人が，「なんでそういえるの？」と問い質(ただ)したとする。私は「湖の近くに赤い屋根の小屋が見え，しかも近くで赤い屋根の小屋がある湖は乙女池だけだから」と答える。それでもなお，何で「森の向こうの湖は乙女池であるといえるの？」と聞かれたら，「向こうに見える赤いものは屋根であり，それ以外ではないでしょ」と答え，さらに聞かれたら，「その屋根は赤く見えているでしょ」と答えるしかない。この時，「赤く見えている」という信念は，最も基礎的な証拠を描写した正当化の行き止まりであり，正当化の基礎（基礎信念）である。

しかし，「赤く見える」という基礎信念が真であるからといって「森の向こうの湖は乙女池である」とはならない。「森の向こうの湖は乙女池である」という非基礎信念が真であるためには，「近くに赤い屋根の小屋があるのは乙女池だけである」とか「小屋の屋根以外に赤く見えるものはその近くには存在しない」といった付帯的情報に関する非基礎的信念も真でなければならない。とはいえ，この付帯的情報に関する信念をさらに基礎信念によって基礎づけ直すことは難しい。なぜなら，その基礎づけのためには，さらに別に前提にされていた付帯的情報に関する信念を基礎づけなければならず，この基礎づけの作業が，新たな基礎づけの作業を要求することになり，果てを知らないからである。付帯的情報（非基礎的信念）はより根源的な信念群に支えられ存在しており，そうした信念群の存在が「基礎づけ作業」を拒むのである（門脇 1996：55）。

❷整合説

整合説とは，信念を基礎づける／基礎づけられるという認識論的な階層序列を否定し，ある信念が正当化されることを信念同士の「整合性」に求める考え

第2章 社会福祉学における正当化と根源にある知（公理）

方である（門脇 1996：52）。

　この立場では，同じ状況について共に整合的な体系があった場合，どちらがその状況に対する真なる信念（知識）であるのかが分からない。この場合，私たちはより多くの信念をもち，かつ，整合性がとれている体系（規模の大きい体系）の方が真なる信念（知識）に近いと考える。しかし，「最も規模の大きい整合的な信念体系は，最小の情報しか持たない体系によって得られるという問題が生じてしまう」（門脇 1996：60）。したがってわれわれは，正当化の基準を整合的な体系の大きさ以外に求めなければならず，結局は，整合説が否定している基礎づけ主義的な考えを，ある程度導入することを考えざるを得なくなる（門脇 1996：60）。

（2）外在主義あるいは認識（知識論）の自然化

　外在主義とは，現代の心理学や神経科学の成果を背景としながら，知識主体と実在との関係を，主体の経験を超えた客観的な立場から考察しようとする立場である（門脇 1996：64）。

　例えば，「ポストが目の前にある」という知識は，ポストが実在し（原因），それを知覚・認識することで主体の知識となる（結果）。ここにおける正当化は，実在（ポスト）と主体との間の適切な因果関係によって示される。この立場では「知識は，ある主体が信念を持ち，その信念内容が真であり（つまり事実その通りであり），しかも，その信念がその信念内容を真にする事実によって因果的に引き起こされていることで成り立つ」（門脇 1996：65）と考える。しかし門脇によれば，外在主義には次のような問題がある。

❶知覚的な知識に限定される

　「目の前に木がある」という知覚判断によって得られる（正当化される）知識の場合，外在主義は一定の説得力をもつ。なぜなら，知覚体験が原因（根拠）となるからである。しかし，「整数は無限である」というような知識については，外在主義は当てはまりにくい。なぜなら，整数は物体ではないため，知識主体

に因果的効果を及ぼさないからである（門脇 1996：66）。このように，外在主義は知覚以外によってもたらされる知識には適用し難い。そのため，外在主義による正当化はきわめて限定されたものである。

❷規範性が抹消される

信念の正当化（ある思いが真であるといえる根拠・理由を示すこと）は，行為の正当化（ある行為が正しいといえる根拠・理由を示すこと）にも似た「規範的」なものである。なぜなら，私たちはある行為が正当性を欠いていると批判するのと同じように，知識が正当性を欠いていると批判するからである（門脇 1996：64）。正当化を自然的な因果過程に預けてしまえば，われわれは知識主体の責任を問うことができなくなり，規範性を失ってしまう（門脇 1996：67-68）。

2．学知を基礎づけるもう1つの可能性

(1) 内在主義への希求（反自然主義の立場）

自然の物事以外のものは存在しないと主張する考えを「自然主義」という（門脇 1996：2）。そして現代は，近代科学の成立・発展により，あらゆる存在者（出来事・状態・もの）は自然科学によって探究される自然的物事・性質から構成されているという自然主義が支配的な時代となっている（門脇 2007：2）。そして知識の正当化の問題においても，いかなる理解からも独立している客観的実在・真理を想定して，知覚的知識を再構成しようとする自然主義的外在主義が主張されている（門脇 2007：10）。

こうした自然主義の時代に，哲学に何ができるのかを問い，「平板な自然主義や科学主義によって，私たちの行使している理解が脅かされることに対抗し，自然主義や外在主義によっては解消されない『内在的なもの』を希求することがわずかに残された哲学の存在理由ではないだろうか（強調は原文）」（門脇 2007：2-3）と主張しているのが門脇俊介である。

第2章　社会福祉学における正当化と根源にある知（公理）

　ここでいう「内在的なもの」とは，「主体（当事者）に与えられた経験的なもの」といった意味であるが，それは単なる個人的な経験を意味するのではない。そうではなく，内在的なものとは，間主観性や言語という「全体性」によって構成される（与えられる）「経験的なもの」を意味する。内在主義とは，こうした経験的なものの中に，信念が真であるとする根拠（正当化）があると考える立場である。

（2）反自然主義的／全体論的規範主義

　近代の自然科学的な世界観が生まれると自然主義は，「数学的物理学の方法によって接近可能な物事以外のものは存在しない」という「物理主義」の意味で理解されるようになる。近代の哲学者は，こうした物理主義の発想を推進するのに大きな役割を果たす一方で，そうした物理主義によって犯されない――反自然主義的な――領域を確保しておいた。それが「理性」や「意識主体」である。デカルトの「われ思う，ゆえにわれあり」という哲学的原理において表明されているのは，哲学が，どこを拠点として反自然主義の戦いを引き受けてゆくのかということの宣言なのである（門脇 1996：5）。

　こうしたデカルトらの反自然主義を引き継ぎ，新たな哲学運動となったのが，フッサール（Husserl, Edmund）によって創設された現象学である（門脇 1996：5）。門脇は，現象学のキーワードである「志向性」という概念を軸にしつつも分析哲学の研究成果も踏まえ，反自然主義的／全体論的規範主義という立場から内在的なものを擁護する。

（3）内在的なものを基盤とした社会福祉学の正当化

　社会福祉学の構想を考えた場合，自然主義の立場に立つのか，それとも反自然主義の立場に立つのかによって，構想される社会福祉学の在り方は大きく異なる。本章は反自然主義（内在的なもの）の立場から，社会福祉学における正当化の仕組み・基準を解明する。

　こうした立場をとる理由は，反自然主義（内在的なもの）の立場こそが，私

たち一人ひとりが生きている現実を記述説明していると考えるからである。そして，この判断を下す根拠となるのが「意味」である。私たち一人ひとりは日々の暮らしの中で，外界やみずからの経験に様々な意味づけをしている。意味づけをもたらしているのは人間の脳であることは疑いえないが，その脳（原因）と脳によってもたらされる意味（結果）には質的な違いがある。社会福祉学が解明すべき現実は，意味づけられた世界である。意味づけられた世界の仕組みに焦点を合わせているのが反自然主義（内在的なもの）なのである。

Ⅲ　内在的なものの探究──現象学

１．心は世界にどうつながっているのか

（１）内在的視点
　私たちは，自分や他人，そして世界という全体をも対象化し，言い換えれば，それらすべてを俯瞰するような視点を設定し，そこから物事を論じることができる。しかし，俯瞰的な視点（上空飛行的な視点）から，この私が〈いま・ここで〉生きている視点へと引き戻した（還元した）時，そこに，私が現に生きている世界が立ち現れる。世界を対象化するのではなく，みずからがその中を生きている「世界が立ち現れる視点」が内在的視点であり，この視点から内在的なものを探究するのが現象学である。内在的視点とは，端的にいえば，「この私」の視点であり，一人称の視点である。

（２）私が生きている世界と世界そのもの
　内在的視点に立った時，この私が現に生きている世界が立ち現れる。それは，私（自分）の死とともに消滅する世界である。しかし，他者が死んでも世界は残っているという経験から，私が死に「私が生きているこの世界」が消滅しても「世界そのもの」は残っていることを理解している。この経験から私たちは，「私が生きている世界」と「世界そのもの」は同一ではないこと，そして，私

第2章　社会福祉学における正当化と根源にある知（公理）

たちは誰もが自分が生きている世界を超えて，世界そのものに達することはできないことを理解している。その意味で，世界そのものは私の世界を超えている，言い換えれば，世界そのものは超越している。

内在的視点に立った時，私が生きている世界（内在）と世界そのもの（超越）という2つの次元があることが自覚される。そして，この私の世界を超越している世界そのものが，私の意識に現れるとはどういうことか，という問いが生まれる。この問いに対して，およそ考えられる限り最も根源的な地点にまで遡って考え抜いた思考が現象学である。

2．現象学的還元と超越論的間主観性

われわれの主観（私に立ち現れている世界）と独立に世界というもの（世界そのもの）が存在し，その世界そのものの中に，われわれの主観が存在している。このことは自明（当たり前）であるが故に，私たちは意識していない。こうした態度を自然的態度という。この態度を一旦保留（判断停止）し，超越している世界そのものがどのようにして私の主観（私に立ち現れている世界）に与えられるのか，言い換えれば，認識されるのか。その認識の仕組み（超越しているものが私の意識に与えられる仕組み）や働きを反省する態度を超越論的態度という。そして，そうした認識の仕組みや働きが解明される場（次元）を超越論的次元という。

超越論的態度により超越論的次元にまで視点を引き戻すことが現象学的還元である。フッサールにおいては，超越論的な判断停止が現象学の還元となる（Husserl＝2001：50）。それは，私の意識（主観）の外部に客観的対象が存在していると素朴に信じていること（判断していること）を停止することである。そうすることで，自然的態度において作動していたにもかかわらず，気づいていなかった純粋意識の仕組みや働き（超越論的次元）に注意を向けることができる。

この現象学的還元によって見出された純粋意識とは，何かが現象している（立

ち現れている）という事態である（斎藤 2002：89-97）。それは，〈いま・ここで・現に〉この世界が立ち現れていることを意味する（斎藤 2002：101-109）。

こうした意識は私の世界を構成するものだが，感情移入（Einfühlung，自己移入と訳されることもある（浜渦 2001：320）。）によって多数の閉じた意識流（自我意識）の領域にまで拡大され，私と他者の意識は結合する（Husserl＝2012：163）。すなわち「現象学的還元が純粋意識への還元とみなされるとき，その還元において，感情移入はエゴの意識流を越えてなお別の純粋自我とその意識流を共現前的に生じさせる」（Husserl＝2012：176）のである。

私の意識は，感情移入によって他者の意識へと開かれている。そして，この意識の交流（働き）によって，一人ひとりの世界が構成されている。こうした，一人ひとりの世界を構成する意識の働きが超越論的間主観性である。

3．志向性の理論

現象学は，超越論的次元における仕組みや働きを，志向性という概念を使って記述する。門脇はこの志向性を「真であるとみなすこと」，信じることを通して世界へとつながっていく心のありようと捉え，独自の志向性の理論を提示している（門脇 2004：15）。

志向性の理論は，私たちの心は真（本当）であることによって世界と結びつく，と考える（門脇 2004：12, 17）。この理論は，「人が世界について知るのは，何らかの表象を介してなのだから，人は自らに対して現れる世界に対して一定の主導権をもつ。ところが他方，……中略……表象は，自らの支配下にはない，世界がかくあるという真理に服すことにある」（門脇 2002：3）と考える。ここでいう「表象」とは，意識（心）に立ち現れているもの，といった意味である。こうした志向性の理論では，人間が理解する世界を，"人間の認識"と"世界からの制約"という二重性のもとで捉える。そしてそこに，自然界とは異なる，人間が理解する世界の特異性を見出す（門脇 2002：4）。

心と世界を結びつける真理は，必ずしも絶対的な明証性をもった真理ではな

い。志向性は，私たちの認識（主観）を超越する「世界そのもの」へと関わっており，それが故に，われわれの世界に対する理解は常に暫定的なものとならざるを得ない。そこにあるのは暫定的な真理である。

4．生活世界と地平

　生活世界とは「現実の知覚によって与えられ，そのつど経験され，また経験されうる世界」（Husserl＝1995：89）であり，「その世界のうちに目覚めつつ生きているわれわれにとって，いつもすでにそこにあり，あらかじめわれわれにとって存在し，理論的であれ理論以外であれ，すべての実践のための『基盤』となる」（Husserl＝1995：255）世界である。
　しかし，この概念は私たち一人ひとりに立ち現れている経験的な世界を意味するだけではない。浜渦が指摘するように，生活世界という概念はあくまで超越論的な次元への通路としてあったのであって，超越論的な次元を無視することは，フッサール現象学の核心に眼を閉ざすことになる（浜渦　1995：294）。
　生活世界を超越論的次元において理解する上で鍵となる概念が「地平」である。地平とは，私の経験の背後にある無限の可能性（私が経験できることの潜在的可能性）のことである（Husserl＝1975：24）。私が「AはBだと思う」という信念は，私の経験の背後にある自明であるが故に意識しない信念に支えられており，そうした信念は他の信念とともに全体的なネットワークを形成している。こうした信念の織物（ネットワーク）も地平である（門脇　2000：282-283）。

Ⅳ　知を根拠づける仕組みと働き（正当化）

1．2段階の還元

　フッサールは生活世界を，一切の認識行為や一切の学問的規定の基盤をなす

世界と捉える（Husserl＝1975：33）。生活世界をこのように位置づけた上でフッサールは，学問の究極的な基盤（基礎づけ）を見出すために2段階の還元を要請する。1つめは，客観的（科学的）世界だけでなく目の前に与えられている世界から根源的な生活世界への還元であり，2つめは，生活世界からこの世界を生み出している超越論的間主観性への還元である（Husserl＝1975：41）。

　最初の還元によって引き戻される根源的な生活世界は，客観的（科学的）世界を生み出す基盤であるとともに，その成果が隅々まで浸透している，私たちが生きている世界である。この生活世界は，私が直接経験することが可能な（だが実際には直接に経験していない）人々や物事から成り立っている（田口2014：42）。こうした経験可能性を「地平」という。

　2つめの還元によって引き戻される生活世界は，フッサールが「生活世界もまた単純に目のまえに与えられるものではなく，それが構成されてくるありさまを問題としうる形成物」（Husserl＝1975：41）というように，超越論的間主観性により，この世界が生み出される（構成される）仕組みと働きを意味する。フッサールが学問の究極的な基盤（基礎づけ）として見出したのは，この2つめの水準における生活世界である。

　少々分かりにくいと思うので言い換えてみる。2段階の還元のうち，最初の還元で見出されたのは，構成された生活世界であり，「地平」を背景にもちながらも，私たちが現に生きている世界である。2つめの還元は，こうした生活世界が構成される仕組みと働きといった意味での生活世界である。このように，生活世界は，「構成されたもの」と「構成される仕組みと働き」という2つの側面において捉えられている。フッサールが学問の究極的な基盤（基礎づけ）として見出したのは，「構成される仕組みと働き」という2つめの側面における生活世界であり，それは，超越論的間主観性の仕組みと働きである（斎藤2002：243-247）。

第2章　社会福祉学における正当化と根源にある知（公理）

2．水平的な間主観性——理由の空間と解釈の空間

　超越論的間主観性の仕組みと働きによって，私の目の前に意味ある世界が立ち現れている。この超越論的間主観性の仕組みと働きには，「水平的」と「垂直的」の2つの次元がある。このうち「水平的」とは「人と人との間」という意味であり，この次元における超越論的間主観性の仕組みと働きを，文の水準で捉えたのが規範的・反自然的な全体性である。

(1) 規範的・反自然的な「理由・解釈の空間」

❶表象主義1と表象主義2——意識（観念）から文へ

　志向性はフッサール自身が「志向性という言葉は，何かについての意識」（Husserl＝2001：69）というように，意識の水準で理解されることが多い。意識は実在する物事（世界）を，「赤い」とか「椅子」といった観念を用いて表現する。門脇は，こういった観念を使って心（表象）と実在（世界）を結びつける立場を表象主義1と捉え，表象主義2と区別する（門脇 2004：41）。

　表象主義2は，心（表象）と実在（世界）を結びつける基本単位は文であると見なす立場である。人間による世界の表象は，真偽の値をとる文や判断を基本単位として世界を表象することに依存している。それが故に，文や判断こそが世界を表象していると考えるのが表象主義2である（門脇 2004：42）。

　志向性には，意識ではなく文の水準がある。志向性を理解する水準を意識から文に移行することで，文における真理がしたがうべき基準（規範）となる。そして，この規範（真理）によって，心は世界と結びつくことができる。

❷規範的・反自然的な全体性

　こうして，世界を表象する（心と世界が結びつく）ことは規範的であることが理解される。ここでいう「規範的」とは，表象は真偽を通して世界にしたがわなくてはならない，という意味である。そして，この規範的な特性を有して

いるのが文である。文は真偽を担う命題を基礎単位としながらも，動機づけや理由づけによって関係づけられた全体（システム）を形成している（門脇 2004：85）。この全体（システム）は，自然界にはない規範的・反自然的な連関である（門脇 2004：94）。そして私たちは，この規範的・反自然的な全体として世界とつながり，世界に参与（コミットメント）している（門脇 2004：85-86）。「世界を認識する」ということに対するこうした理解を「規範的・反自然的な全体性」という。

❸ 生活世界における「理由の空間」

　規範的・反自然的な全体性をもつ志向性は，私と他者とが生きている生活世界において発言され・交わされる。こうした発言や対話によって構成されるものは，「かくかくのゆえに，かくかくの規範は成立する」という，正当化する理由づけの結合関係のうちに命題を位置づけ，さらにその結合関係を真であるとして受け入れることが織りなす関係の全体（システム）である。門脇はこのような関係の全体を「理由の空間」と呼ぶ（門脇 2007：160，173）。生活世界において構成される「理由の空間」では，誰もが「納得」し，「腑に落ちる」判断が真なる認識，あるいは適切な認識とされる（野家 2008：69）。

❹ 意味づけが行われる「解釈の空間」

　「理由の空間」は，様々な意味づけが行われる「解釈の空間」である。そこには，論理実証モードと物語りモードという2つの認知作用・思考様式によって得られる知識がある。論理実証モードの知識は真／偽が問われる。そして，因果関係においても「もしもXならば，Yとなる」という原因と結果の関係性が問われ，そこにおける普遍性が探究される。一方，物語りモードの知識は，ある出来事に対して「悲しい」「春が来る」といった意味づけがなされ，必ずしも一義的に意味が決まるわけではない。そして，因果関係においても，ある出来事と別の出来事との間の関係に対し，様々な意味づけが可能である。

　論理実証モードは科学的な知識であり，一方，物語りモードはわれわれの日

常における知識である。ブルーナー（Bruner, Jerome＝1998：16）がいうように，これら2つのモードはお互いに相補的であるが，片方を片方に還元することはできない。そして，やまだ（2000：21）がいうように，私たちはこの2つの思考様式のうち，「科学者のような論理実証モードではなく，物語りモードを生きている」のである。

（2）会話による正当化

　私たちは「理由の空間」や「解釈の空間」において，様々な理由や意味づけを根拠に知識（正当化された真なる信念）を得る。こうした空間の中で哲学は，他の人たちがよく知らないことを知っており，それ故，他の人たちの見聞を奪うだけの圧倒的な権利をもっていると理解される場合がある。ローティ（Rorty, Richard）はこうした哲学観に異議申し立てをする（Rorty＝1993：453）。そして，会話という社会的実践から正当化は生じると考える（門脇 1996：70）。

　ここでいう会話とは「われわれはあれこれと思いをめぐらしながら，個々の言明や他の事象の特徴と状況全体の意味との間を行きつ戻りつし，やがて徐々に，それまで疎遠だったものに親しみを覚える」（Rorty＝1993：372）営みである。こうした会話という営みの中で「私の属する共同体のメンバーの誰もが，そのことを疑わないという社会的事実」（門脇 1996：70）を根拠に，知識は正当化される。

　会話による正当化は，科学や哲学によって知識（正当化された真なる信念）が独占されることに異議申し立てをする。そして，次に述べる体験による正当化へと思考を拓くことにつながる。

3．垂直的な間主観性——レヴィナスの倫理

　超越論的間主観性の仕組みと働きのうち「垂直的」とは，「私と私の世界を超えている他者との間」という意味であり，この次元における超越論的間主観性の仕組みと働きを，行為の水準で捉えたのが，他者への責任＝倫理である。

この次元が「垂直的」といわれるのは，他者を通して「高さ」の次元が切り拓かれるからである。端的にいえば，水平的な間主観性は，文を媒介にして「人と人との間」で作動する仕組みと働きであるが，垂直的な間主観性は，呼びかけや命令を媒介にして「神と人との間」で作動する仕組みと働きである。

（１）他者への責任＝倫理という普遍的な仕組みと働き

❶構成と呼びかけ

　水平的な間主観性の仕組みと働きによって，この私に意味を伴った世界（対象）が構成される（立ち現れる）。私たちは構成された世界の中において，他者について語り，他者との関係を語る。ここでは間主観的な仕組みと働きが本源的なものとされる。これに対してレヴィナス（Lévinas, Emmanuel）は，「他者との関係は対象の構成とおなじように本源的なのである」（Lévinas＝2005：120）と指摘する。そして，超越論的間主観性の領域が他者（絶対的に異なるもの）へと向かうのは，〈他者〉から呼びかけられることによってだけであるという（Lévinas＝2005：120）。

　ここにおいてレヴィナスは，（水平的な間主観性によって構成されている）世界の外部である他者からの呼びかけがあり，そうした「呼びかけ―応答」という垂直的な間主観性の働きがあることを指摘している。

❷他者への責任＝倫理という志向性

　レヴィナスは他者（無限なるもの，あるいは外部性）について哲学する時も，存在の彼方について哲学する時も，フッサール哲学の精神を継承し，志向的分析という現象学的な方法に忠実にしたがっているという（Lévinas＝2005：30, Lévinas＝1999：408）。しかしながら，そこで見出された志向性は，視覚とは全く異なったタイプのものである（Lévinas＝2005：19）。レヴィナスが見出し，志向的分析を行ったのは，他者を迎え入れること（Lévinas＝2006：255），倫理（Lévinas＝2005：19，32）である。

第 2 章　社会福祉学における正当化と根源にある知（公理）

❸「語られたこと」の手前にある「語ること」

　レヴィナスは「語ること」（Dire）と「語られたこと」（Dit）を区別する。〈語られたこと〉とは「言語の指す意味内容（「シニフィエ」）」（佐藤 2000：132）である。他者という超越が「語ること」は「語られたこと」と化すや否や，それは存在するものとなってしまう。しかし，「語ること」によって示されることが完全に枯渇する訳ではなく，そこに痕跡を刻印する（Lévinas＝1999：121）。レヴィナスにとって還元（遡行）とは「語られたこと」の彼方，ないし手前，ロゴスの彼方まで遡行することを意味する（Lévinas＝1999：113）。こうした還元によって見出される「語ること」が他者への責任＝倫理である（Lévinas＝1999：114）。

❹高さの次元

　レヴィナスは「私のうちにある〈他者〉の観念を踏み越えて〈他者〉が現前する様式は，じっさい顔と呼ばれている（強調は原文）」（Lévinas＝2005：80）という。この「顔」そして「眼」はことばを語る（Lévinas＝2005：116-117）。顔はその悲惨さを通じて訴えかける（Lévinas＝2005：144）。その最初の言葉が「汝，殺すなかれ」である（Lévinas＝2010：111）。その意味は「汝は，他なる者が生きられるよう，あらゆることをなせ」（Lévinas＝1996：52）であり，具体的には，他者を見棄てるな，一人で死なせるな，病ませたり飢えさせたりするなという命令であり，他者を生かし，他者に責任をもて，という命令なのである（Lévinas, Burggraeveed＝2003：101）。こうした語り・ことば（訴え，審問）が「他者から私に到来し，意識を問いただすことで意識のうちに反響してゆく」（Lévinas＝2006：55）。

　他者の顔は，私の目の前にあるのではなく私の上にある，言い換えれば，垂直的である（Kearney＝1988：108）。ただし，この上とは，すぐ上などではなく「天空」よりもさらに上であるが故に「見えない次元」（高さの次元）を意味している（Lévinas＝2005：42）。

　垂直的な間主観性とは，高さ（垂直性）から呼びかける他者の顔に応える責

任＝倫理という志向性であり，「語ること」によって切り拓かれる次元の仕組みと働きである。われわれの認識を超越する他者は，顔を通して，われわれの認識の体系に依拠することのない意味（この意味が他者からの呼びかけに応えるという責任＝倫理である）があることを露わにしているのである。

（2）体験による正当化

　先の志向性の理論において確認したように，ある知識の正当化は，水平的な間主観性によって形成された知のネットワーク（人間の認識）だけではなく，「世界からの制約」も受ける。世界からの制約とは，超越しているものからの制約であり，そこには世界そのものだけでなく他者も存在する。他者は顔を通して，われわれの認識の体系に依拠することのない意味を露わにしてくれる。この意味が，他者からの呼びかけに応えるという責任＝倫理である。

　レヴィナスは，死にゆく可能性・苦痛に晒された他者の顔に特殊な志向性を見出す。それは，「汝，殺すなかれ」（Lévinas＝2010：111）という言葉（語ること）であり，その意味は他者を見棄てるな，一人で死なせるな，病ませたり飢えさせたりするなという命令であり，他者を生かし，他者に責任をもて，という命令である（Lévinas, Burggraeveéd＝2003：101）。

　レヴィナスが「顔が語りかけるのです。……中略……語ることは，私が顔の前にとどまって，ただたんにじっとそれを観照することではなく，私がその顔に応答することです」（Lévinas＝2010：109-110）というように，私たちは他者の顔を物のように観照するのではなく，その顔に何らかの反応・応答を示すという事実がある。レヴィナスが現象学の手法を用いて志向的分析をしたのは，私たちが経験するこの事実であり，この事実の「意味」を露わにしたのである。

　他者は顔を通して，われわれの認識の体系に依拠することのない意味（他者からの呼びかけに応えるという責任＝倫理）を露わにする。こうした知識を正当化するものは，私たちは他者の語りかけを聴き（感じ），それに応答するという体験（顔の体験）である。そして，そうした体験をするという事実である。

V　社会福祉学の根源にある知

１．根源にある知

（１）意味

　ここでいう「根源にある知」とは，社会福祉学において前提とされる知識を意味する。この前提から，様々な推論や方法により社会福祉に関する体系的な知（学知）が形成される。こうした位置づけをもつ「根源にある知」とは，それ以上遡ることができない根底にある知であり，他の知識に依拠することなく真である（確かである）とされる知である。

　このような「根源にある知」は，①その知の正当化には「水平的／垂直的な間主観性」における会話や体験が必要になるという意味では，自明な知ではない（基礎づけ主義における基礎命題ではない）が，②社会福祉学という知の体系において，最も根底に位置し，そこから多くの社会福祉に関する知識が導き出され，かつ，社会福祉という現実が構成される知識を意味する。

（２）種類

　根源にある知は，それが真であると判断する根拠の違いに応じて，次の３つの種類に大別することができる。１つめの知は，経験を根拠にする知である。それは，デカルトが見出したコギトのように，疑いえないほど明証的かつ経験的な知である。２つめは，論理を根拠にする知である。それは，経験に依拠することなく，論理の上で真理とされる知である。そして３つめは，超越（他者）を根拠にする知である。それは，「顔」の体験を通して気づかされる，経験的かつ超越的な知である。

2．社会福祉学の根源にある3つの公理

(1) 私に〈いま・ここで・現に〉世界が立ち現れている——公理1

　現象学的還元を行うことで超越論的次元（純粋意識）が見出される。それは，私に〈いま・ここで・現に〉世界が立ち現れているという事態である。どのような世界が立ち現れているのかについては，誤った認識・理解があり得る。しかし，〈いま・ここで・現に〉世界が立ち現れている経験自体は疑いえない。この知識が社会福祉学の1つめの公理となる。この公理が，一人ひとりが生きている世界（現実）から社会福祉学を構築していくことを可能にする。そして，この公理から次の3つの知識が定理として導出される。

❶唯一性——公理1—定理1

　この私に〈いま・ここで・現に〉世界が立ち現れている。ここでいう世界とは，私が経験し得るもの，思考・想像できることの"すべて"である。それ故，この世界の外部を経験することや思考・想像することはできない。なぜなら，外部を想定した途端，それは私が経験したことや思考・想像したものになってしまうからである。

　外部が経験できない／想定できないということは，並び立つ他の世界を想定できないということである。それが故に，この私に立ち現れている世界（この私が生きている世界）には比較する世界がない，その意味で唯一無二のかけがえのない世界である（永井 1991：223-236，大澤 1994：185-188）。

　社会福祉学は人間一人ひとりを，この水準における唯一無二のかけがえのない存在として理解する。これが公理1—定理1である。この定理は，公理1を認めるのであれば，必然的に導かれる論理の上で真とされる知識である。

❷根源的偶然性（私が～だったかもしれない）——公理1—定理2

　この私に〈いま・ここで・現に〉世界が立ち現れている。しかし，その世界が，いま私に立ち現れているのとは違った世界であったことは容易に想像でき

第2章　社会福祉学における正当化と根源にある知（公理）

る。例えば，私は心身に障がいがなく生まれ育ったが，私が先天的に重い障がいがある人生を送っていたかもしれない。あるいは，私は親から虐待を受けることなく，大学の学費や生活費を送ってもらったが，そうでなく，親から日々虐待を受け，3歳で虐待が故に亡くなる人生だったかもしれない。

　自分に備わっている能力や生まれ落ちた環境は，決して自分で選んだ訳ではない。自分がどのような能力をもち，どのような環境に生まれるかは，自分の意思ではどうすることもできないまったくの偶然である。こうした偶然を，ここでは根源的偶然性と呼びたい。私たちが生きている生の現実の根底には，こうした根源的偶然性がある。

　社会福祉学は，こうした根源的偶然性を根源的な事実として理解する。これが公理1—定理2である。

❸在ることの奇跡——公理1—定理3

　この私に〈いま・ここで・現に〉世界が立ち現れている。しかし，その世界が存在しなかったことは想像できる。言い換えれば，この私が生まれてこなかったことは想像できる。それどころか，自分の両親が出会っていなければ，さらに，祖父と祖母が出会っていなければ，この私は生まれてこなかった。さらにいえば，両親が出会っていたとしても，自分が生まれることとなった受精がなかったら，私は生まれてこなかった。こう考えると，私が生まれること，言い換えれば，この私に〈いま・ここで・現に〉世界が立ち現れていることは，確率でいえば，ほとんどあり得ないくらい稀有なことであり，奇跡といっても決して過言ではない。すなわち，この私に〈いま・ここで・現に〉世界が立ち現れていることは奇跡的なことである。

　社会福祉学は，人がこの世界に存在していること（生きていること）を，このように奇跡的なことであると理解する。これが公理1—定理3である。

（2）他者の痛みや苦しみを感じる——公理2

　佐藤は共苦という事象に対して現象学的分析を行い，次のようにいう。私は

他者の痛みそのものではなく，痛みを受けている実存の在り方に共鳴し，その実存的な在り方を感じ生きる（佐藤 2009：8, 25）。これが共苦であり，それは「実存間の共鳴により生じるものである」（佐藤 2009：31）。こうした間主観的な仕組みと働きがあるが故に，私に立ち現れている世界において，私は他者の痛みを感じる。

　社会福祉は他者の生活困難に関わる。そこで，他者の痛みや苦しみを感じる。この痛みや苦しみは，いま確認した間主観的な仕組みと働きがあるが故に，疑いえないものとして感じることができる。もちろん，何らかの障がいにより間主観的な仕組みと働きが十分に作動しない場合は，他者の痛みや苦しみを感じることができない。その意味では，この公理は，すべての人間に当てはまる普遍的な知識ではない。しかしながら，佐藤が分析したような間主観的な仕組みが作動しているならば，人は他者の痛みや苦しみを感じる。

　この「他者の痛みや苦しみを感じる」という事実が，社会福祉学における2つめの公理となる。

（3）この私には他者への責任＝倫理がある──公理3

　レヴィナスが「他者の〈顔〉のうちで私は神の〈言葉〉を聞く……中略……〈顔〉は，神の言葉が響く様式なのです」（Lévinas＝1993：156）というように，神の言葉は他者の顔のうちで聴かれる（感じられる）。この神の言葉によって惹起される他者への責任が倫理である。

　トレモンタン（Tresmontant, Claude＝1963：179）は，聖書の伝統は哲学的人間学には存在しないルーアッハ（rûah＝霊）という新しい次元を拓いたという。この霊の次元とは，人間がもつ神とコミュニケイトできる側面である（本田 2013：59）。私たちは人間を心と体の2つの側面で捉えがちであるが，人間にはそれに加え霊的な側面がある。それが故に，神の言葉を聴き（感じ）それに応えることができる。このことはユダヤ教，キリスト教，あるいはイスラム教の実践に示されている。

　私たち人間は霊的な側面をもつが故に，垂直的な間主観性の中で神の言葉を

聴き，それに応えることができる。神の言葉は他者の顔を通して聴かれ，それに応える責任＝倫理がこの私にあることに気づかせてくれる。

この気づきから，「この私には他者への責任がある」という知識が，社会福祉学における3つめの公理として設定される。

3．社会福祉と学知――社会福祉学とは何か

（1）現実と学知をつなぐ倫理

知識とは，物事に対する真なる認識である。すなわち，知識は認識である。しかし，社会福祉学の「根源にある知識」には，顔の体験によりもたらされる「人間には他者に対する責任＝倫理がある」といったものがある。レヴィナスは「私のうちにある〈他者〉の観念を踏み越えて〈他者〉が現前する様式は，じっさい顔と呼ばれる」（Lévinas＝2005：80）と述べている。この言葉で示されている顔の体験とは，他者という事象そのものが，私が心の中で思い描く他者のイメージを踏み越え，この私に触れる／関わる体験のことである。それは，私の他者に対する認識（知）ではなく，呼びかけであり，その呼びかけに応える行為である。

他者への責任＝倫理という根源にある知識（公理）は，単なる知識ではなく，人を行為へと促す力（働き）である。それは，社会福祉学という体系化された知識の根源にあり，社会福祉という現実と社会福祉学を結びつける働きをする。そして，倫理と正義に適った社会福祉学の構築原動力となる。

（2）社会福祉学とは何か

一方には社会福祉という営みがあり，もう一方にはそれについての体系的な知識である社会福祉学がある。最後に両者の関係の考察を通して，社会福祉学とは何であるのかについて暫定的な答えを示したい。

社会福祉には，目指すべき状態（理念・目的）とそれを実現するための制度や活動がある。そこには様々な状況や状態があり，その背後には構造（仕組み）

や力（働き）がある。それらは哲学や科学といった思考・方法を通して，徐々に明らかにされ学知となっていく。

　こうして形成される学知は，社会福祉という営みを記述説明するだけの知識では決してない。社会福祉学は，その根源にある「他者に対する責任＝倫理」や「他者の痛みや苦しみを感じる」といった公理によって，社会福祉という現実としっかりとつながっている。社会福祉学は「一人ひとりが生きている現実」と「呼びかけと応答＝倫理」を公理（根源にある知）としているが故に，社会福祉とは何であるのかを単に記述説明するだけではなく，その営みが存在する根拠（理由）や進むべき方向を与える。

　このように社会福祉学は，社会福祉という対象を明らかにするだけではなく，社会福祉という営みを創り出していく上での基盤（根拠や方向性を与えるもの）となるのである。

Ⅵ　おわりに

　社会福祉に関するある知識が真であるといえる根拠（正当化の仕組み・基準）と，その根拠に基づき明らかにされる社会福祉学の前提（前提となる知識＝公理）について考察してきた。その結果，社会福祉に関するある知識が真であるといえる根拠（正当化の仕組み・基準）には，水平的な間主観性によってもたらされる知（認識）だけでなく，垂直的な間主観性によってもたらされる倫理（呼びかけ，行為）があることが明らかになった。そして，そうした倫理が社会福祉の現実と学知をしっかり結びつけるものであることが確認された。

　本章の考察によって見出された新たな知見は，社会福祉学の前提となる根源にある知（公理）には，知（認識）とは異なる倫理（呼びかけ，行為）という次元があることである。社会福祉の現実としっかりと結びつき，かつ，社会福祉学における知識が真であることを根拠づける（正当化する）ためには，この「倫理（呼びかけ，行為）」という次元に対する理解を深める必要がある。続く第３章では「社会福祉学における真理」というテーマのもと，本章で見出した

「倫理（呼びかけ，行為）」という次元に対する理解を深めていく。

[文献]

Bruner, J.（1986）*Possible Worlds, Actual Minds*, Harverd University Press.（＝1998，田中一彦訳『可能世界の心理』みすず書房）.
船曳宏保（1993）『社会福祉学の構想』新評論.
古川孝順（1994）『社会福祉学序説』有斐閣.
古川孝順（2005）『社会福祉原論〔第2版〕』誠信書房.
浜渦辰二（1995）『フッサール間主観性の現像学』創文社.
浜渦辰二（2001）「訳注（第五省察）」フッサール著，浜渦辰二訳『デカルト的省察』岩波書店，318-341.
本田哲郎（2013）「Ⅰ　そこが知りたい　聖書への九つの問い　1　小さくされた人びとから」荒井　献・本田哲郎・高橋哲哉『3・11以後とキリスト教』ぷねうま舎，13-73.
Husserl, E.（1954）*Die Krisis der europäischen Wissenschaften und die transzendentale Phänomenologie*：Eine Einleitung in die phänomenologische Philosophie, *Husserliana* Bd. VI, Haag, Martinus Nijhoff.（＝1995，細谷恒夫・木田元訳『ヨーロッパ諸学の危機と超越論的現象学』中央公論新社）.
Husserl, E.（1964）*Erfahrung und Urteil; Untersuchungen zur Genealogie der Logik*, Redigiert und herausgegeben von Ludwig Landgrebe, Dritte unveränderte Auflage, Claasen Verlag, Hamburg.（＝1975，長谷川　宏訳『経験と判断』河出書房新社）.
Husserl, E.（1973）*Zur Phänomenologie der Intersubjektivität, Texte aus dem Nachlass, Erster Teil: 1905-1920*, Husserliana Band XIII；*Zweiter Teil；1921-1928*, Husserliana Band XIV；*Dritter Teil：1929-1935*, Husserliana Band XV, hrsg. Von Iso Kern, Den Haag, Martinus Nijhoff.（＝2012，浜渦辰二，山口一郎監訳『間主観性の現象学　その方法』筑摩書房）.
Husserl, E.（1977）Philosophische Bibliothek Bd. 291, Edmund Husserl, *Cartesianische Meditationen. Eine Einleitung in die Phänomenologie*, Herausgegeben, eingeleitet, und mit Registern versehen von Elisabeth Ströker, Felix Meiner.（＝2001，浜渦辰二訳『デカルト的省察』岩波書店）.
一番ヶ瀬康子（1964）『社会福祉事業概論』誠信書房.
門脇俊介（1996）『哲学教科書シリーズ　現代哲学』産業図書.
門脇俊介（2000）「生活世界，志向性，人間科学」新田義弘編『フッサールを学ぶ人のために』世界思想社，280-298.
門脇俊介（2002）『理由の空間の現象学──表象的志向性批判』創文社.
門脇俊介（2004）『シリーズ・哲学のエッセンス　フッサール──心は世界にどうつながっているのか』NHK出版.

門脇俊介（2007）『現代哲学の戦略——反自然主義のもう一つ別の可能性』岩波書店.

Kearney, R. ed. (1984) *Dialogues with contemporary Continental thinkers : The phenomenological heritage*, Manchester University Press.（＝1988, 毬藻　充・庭田茂吉・松葉祥一訳『現象学のデフォルマシオン』現代企画室）.

木田徹郎（1967）『社会福祉事業』川島書店.

孝橋正一（1962）『全訂　社会事業の基本問題』ミネルヴァ書房.

京極髙宣（1995）『社会福祉学とは何か——新・社会福祉原論』全国社会福祉協議会.

Lévinas, E. (1961) *Totalité et Infini. Essai sur l'extériorité*, Martinus Nijhoff.（＝2005, 熊野純彦訳『全体性と無限（上）』岩波書店）.

Lévinas, E. (1961) *Totalité et Infini. Essai sur l'extériorité*, Martinus Nijhoff.（＝2006, 熊野純彦訳『全体性と無限（下）』岩波書店）.

Lévinas, E. (1974) *Autrement qu'être ou au-delà de l'essence*, Martinus Nijhoff.（＝1999, 合田正人訳『存在の彼方へ』講談社学術文庫）.

Lévinas, E. (1982) *Éthique et Infini, Dialogues avec Philippe Nemo*, Fayard.（＝2010, 西山雄二訳『倫理と無限——フィリップ・ネモとの対話』筑摩書房）.

Lévinas, E. (1984) *Transcendance et intelligibilité, suivi d'un entretien*, Labor et Fides.（＝1996, 中山　元訳『超越と知解可能性——哲学と宗教の対話』彩流社）.

Lévinas, E. (1991) *Entre nous*, Grasset.（＝1993, 合田正人・谷口博史訳『われわれのあいだで』法政大学出版局）.

Lévinas, E., Burggraeve, R. éd (1997) *Emmanuel Lévinas et la socialité de l'argent. Un philosophe en quête de la réalité journalière. La genèse de Socialité et argent ou l'ambiguïté de l'argent*, Peeters, Leuven.（＝2003, 合田正人・三浦直希訳『貨幣の哲学』法政大学出版局）.

松井二郎（1992）『社会福祉理論の再検討』ミネルヴァ書房.

三浦文夫（1995）『増補改訂版　社会福祉政策研究——福祉政策と福祉改革』全国社会福祉協議会.

永井　均（1991）『〈魂〉に対する態度』勁草書房.

野家啓一（1993）『無根拠からの出発』勁草書房.

野家啓一（1998）「正当化」廣松　渉・子安宣邦・三島憲一・ほか編『岩波哲学・思想事典』岩波書店, 920.

野家啓一（2008）「3　科学のナラトロジー——『物語り的因果性』をめぐって」『岩波講座　哲学01——いま〈哲学する〉ことへ』岩波書店, 51-72.

岡村重夫（1983）『社会福祉原論』全国社会福祉協議会.

大澤真幸（1994）『意味と他者性』勁草書房.

Rorty, R.(1979) *Philosophy and the Mirror of Nature*, Princeton University Press.（＝1993, 野家啓一監訳, 伊藤春樹・須藤訓任・野家伸也・ほか訳『哲学と自然の鏡』産業図書）.

斎藤慶典（2002）『フッサール　起源への哲学』講談社.

第 2 章　社会福祉学における正当化と根源にある知（公理）

真田　是（1966）『社会保障——その政治と経済』汐文社.
佐藤義之（2000）『レヴィナスの倫理——「顔」と形而上学のはざまで』勁草書房.
佐藤義之（2009）『感じる道徳——感情の現象学的倫理学』晃洋書房.
嶋田啓一郎（1980）『社会福祉体系論——力動的統合理論への途』ミネルヴァ書房.
田口　茂（2014）『現象学という思考　〈自明なもの〉の知へ』筑摩書房.
竹中勝男（1956）『社会福祉研究〔改訂版〕』関書院.
竹内愛二（1959）『専門社会事業研究』弘文堂.
戸田山和久（2002）『哲学教科書シリーズ　知識の哲学』産業図書.
Tresmontant, C.（1956）*Essai sur la pensée hébraïque*, Les Éditions du Cerf.（＝1963, 西村俊昭訳『ヘブル思想の特質』創文社）.
やまだようこ（2000）「Ⅰ　人生を物語ることの意味——ライフストーリーの心理学」やまだようこ編著『人生を物語る——生成のライフストーリー』ミネルヴァ書房, 1-38.

第 3 章
社会福祉学における真理
―― 現象学に基づく真理の探究を通して

I　はじめに

　真理は「〜は真である」という述語・判断であり，かつ，この判断によって真である（正しい）と認められた事柄である。そして，それこそが，学問が探究する目標である。すなわち，「『真理』は，たとえ表面的にはそれを否定する研究者がいたとしても，かれらを含めた学問共同体において共通に奉戴されている価値理念」（盛山 2011：251）である。この真理は「確実な根拠に基づいて正しいと認められた事柄」（野家 1998：848）と定義されるように，そこには「〜は真である」と判断する根拠がある。根拠には，現実（事実），論理的整合性，合意などがあり，依拠する根拠に応じて，真理の対応説，整合説，合意説という考え方が生まれる。

　社会福祉学も学問である限り，「〜は真である」とされる知識を探究する。この社会福祉学は，客観的事実によって真偽の検証が可能な社会科学として構想されてきた。そのため，真であると判断する根拠を客観的事実においてきた。それは一人ひとりの主観を超えた客観的視点あるいは俯瞰的視点から確認される事実である。この意味で，社会福祉学における真理は，客観的／俯瞰的視点から見出された真理といえる。

　しかしながら，こうした姿勢に対して思い出されるのがソクラテス（プラトン）の言葉である。それは次のようなものである。

　　「ぼくは，あのデルポイの社の銘が命じている，われみずからを知るということがいまだにできないでいる。それならば，この肝心の事柄についてまだ無智でありながら，自分に関係のないさまざまのことについて考えをめぐらすのは笑止千万ではないかと，こうぼくには思われるのだ。……中略……そういう事柄にではなく，ぼく自身に対して考察を向けるのだ」
　　（Platōn＝2010：17-18）

第3章　社会福祉学における真理

　社会福祉学は客観的事実を根拠にした真理を探究してきた。しかし，社会福祉学は自然や物を対象とした自然科学とは異なり，かけがえのない世界を生きている人と人とによって織り成される営みを対象としている。さらにいえば，その営みは決して自分に無関係な営み（他人事）ではない。それが故に，ソクラテス（プラトン）がそうしたように，探究の方向を，外にある物事から自分自身へと向け変える（ペリアゴーゲー）必要があるのではないか。具体的にいえば，客観的事実を根拠にした真理だけではなく，一人ひとりのかけがえのない世界を根拠にした真理へと関心・思考を向け変えるべきではないか。これが本章のアイディア（発想・考え）である。

　こうしたアイディアに基づき，社会福祉学における真理を，一人ひとりのかけがえのない世界を根拠にした真理として見出すことが本章の目的である。

II　現象学

　本章では，目的を達成するための方法として現象学を用いる。では，なぜ現象学なのか。その理由を述べる前に，そもそも現象学とは何であるのかを簡単に説明する。

1．現象学という方法

（1）根本精神と方法

　現象学は一つの方法概念である（Heidegger＝2013-a：173）。それは，真理を明らかにする方法である。渡邊（2010：122）が「素朴性の克服ということが，フッサールとハイデッガーに共通した，現象学的還元の根本精神」というように，「素朴性の克服」が現象学の根本精神である。

　素朴性とは，疑うことなく信じていること（自明性や思い込み）である。素朴性の中で真理は隠れ見え難くなっている。こうした素朴性を克服して，真なる認識／理解ができる地点へと視点を引き戻す方法が現象学的還元である。

（2）現象学とは何か

　ハイデガー（Heidegger, Martin）は「現象学という表現は，『現象』と『学』からなっており，両者ともギリシア語の『ファイノメノン』と『ロゴス』にさかのぼる」（Heidegger＝2013-a：174，熊野　2013-a：176）という。このうち，ハイデガーはロゴスの根本意義を「語り」と捉え（Heidegger＝2013-a：190），その意味を，アリストテレスに基づきアポファンシス（$\mathring{\alpha}\pi\acute{o}\psi\alpha\nu\sigma\iota\varsigma$）と理解する。そして，ロゴスをアポファンシスと理解することで，「語りは，それについて語られるもの自身の側から（$\mathring{\alpha}\pi\acute{o}$ …），『見えるようにさせる』」（Heidegger＝2013-a：192）という解釈を提示する。アポファンシスのアポ（$\mathring{\alpha}\pi\acute{o}$）は，「側から」を意味する（熊野　2013-b：193）。それ故，現象学における学はロゴスであり，その意味は「語りにおいて語られているものを，そのもの自身の側から見えるようにさせること」となる。

　一方，現象とは「誰もがすでに暗々裡に見知っており，もう馴染んでおり，それでいて気付かず，しかし，改めて振返ってみればなるほどそうだと納得せざるをえないような，そうした誰によっても見うるような，現に呈示されているもの」（渡邊　2010：112）のことである。

　以上のことから「現象学とは，誰もがすでに暗々裡に見知っており，もう馴染んでおり，それでいて気付かず，しかし，改めて振返ってみればなるほどそうだと納得せざるをえないようなものを，そのもの自身の側から見えるようにさせる営みである」と理解することができる。

（3）現象学における真理

　現象学は，「認識主体（主観）があり，また，それとは独立した世界がある」と素朴に考えられている世界観を疑い，現象学的還元を行うことで真理に対する理解を深めていく。そこにおいて理解される真理が「事象そのもの」である。現象学がいう事象そのものとは「『現出』との不可分な関係性のなかで捉えられたかぎりでの『現出者』（強調は原文）」（谷　1998-a：58）である。例えば，私の目の前にサイコロがあり，私にはサイコロの一と二と三の目が見えている

第3章　社会福祉学における真理

(立ち現れている)。これが「現出」である。これに対して，サイコロそのものには四と五と六の目もある。この一から六の目をもった立方体が「現出者」である（谷 2002：56-58）。このように，事象そのものとは，私たちに立ち現れている事象（現出）と不可分な関係性の中で捉えられた現出者である。

現出との関係性の中で捉えられた現出者が，そのもの自身から示すもの，それが現象学における真理である。フッサールでは明証性，ハイデガーでは開示性，そしてレヴィナスでは「語り」（証言）という概念のもとに，それ（真理）は捉えられてきた。第Ⅲ節では，その内容を確認する。

なお，本章では，対象と類似の概念として「事象」という言葉を使用している。それは，私の世界に立ち現れている「対象」という意味である。

2．現象学を用いる理由

(1) 素朴性を克服した中で真理を見出すため

私たちは様々な思い込みをしている。例えば図2のように，世界という全体があり，その中に私や他者がいると思っている。この世界では，私が死んでも他者が死んでも等しく世界は存続している。しかし，私たち一人ひとりが生きている現実は，他者が死んでも私が生きている世界は消滅しないが，私が死ねば私が生きている世界も消滅する。図2の世界は私と他者が均質に描かれており，そうした私と他者の根源的な違いは表されていない。すなわち，図2の世

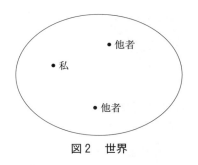

図2　世界

界は，私たちが現に生きている世界の真の姿というより，1つの世界のイメージなのである。

　思い込みは世界に対してだけではない。後述するように，存在することにしても，他者にしても，私たちは思い込みをしている。これら世界，存在，他者は，どれをとっても社会福祉という営みが拠って立つ基盤のようなものである。こうした基盤に対する理解が誤った思い込みだった場合，その上に構築される社会福祉学も誤った知識（思い違い）になってしまう。そのため，素朴性を克服して真理を探究する現象学が必要である。

（2）生（直接経験）を基盤とした真理を見出すため

　ガリレオ（Galilei, Galileo）が「この書物（宇宙）は，数学の言葉と，三角形，円などの幾何学図形の文字で書かれています〔（　）内は筆者が挿入〕」（Galilei ＝ 1976：104）というように，彼は自然を数学化／理念化した。それにより，われわれの日常的な生活世界，唯一の現実的な世界，そのつど経験されている生活世界が，数学化／理念化された世界にすり替えられてしまった（Husserl ＝ 1995：89）。すなわち，「宇宙は数学という言葉で書かれている」という発見による世界の理念化／数学化は，私たちが現に生きている生活世界を隠蔽することにつながった。

　こうして数学や論理学は，しだいに直接に経験される現実から離れ，天空に舞い上がり，みずからの拠って立つ基盤を見失ってしまったのではないか（谷 2002：37）。これがフッサール（Husserl, Edmund）の問題意識である。この問題意識に基づき，フッサールが学問の基盤，そして真理の基盤として見出したのが私たちの生，生活世界，直接経験である。次の言葉がそれを端的に示している。

　　「現にここで熟考し何らかの学問を解明する者である私は，自分に対して次のように言わねばならない。私にとって存在し，およそ存在しうるはずの一切の真理は，私の認識することから，生から出発して，理解されねば

ならないのであり，その真理がもつ権利は，そこから解明されねばならない，と。私の生は，自体的に第一のものであり，あらゆる根拠づけが遡行的に関係づけられなければならない原根拠である（強調は原文）」(Husserl 1956：396＝田口 2010：292)

こうした問題意識（学問の危機）を克服するものとしてフッサールが構想したのが現象学である（谷 2002：37）。生（直接経験）を基盤とした真理を見出すためには現象学が必要である。

（3）当事者の視点から見出される真理を明らかにするため

フッサールの根源的着想は，「学問／科学の基礎は直接経験にある」というものである（谷 2002：44）。私たちは自分や物事を対象化する観察者の視点，言い換えれば，客観的／俯瞰的な視点をもつことができる。そして，そうした視点から理解される物事が客観的であると考えている。これに対してフッサールは，学問／科学の基礎は直接経験にあるが故に，物事や世界を直接経験している当事者の視点こそが根源的な視点であると考えた。そして，学問／科学を基礎づけるためには，視点を客観的／俯瞰的視点から当事者の視点へと引き戻さなければならないと考えた。

当事者の視点こそ根源的であるが故に，フッサールは，真理は物事（事象）をそれとして受け取る意識の体験（直観）に宿ると考えた（渡辺 2009：55）。当事者の視点から真理を見出すためには現象学が必要である。

（4）単独性を回復するため

フッサールによる当事者の視点への引き戻し（還元と呼ばれる）は，単なる主観性への引き戻しではない。フッサールが引き戻した地点は，何かが，「私」と呼ばれる「誰か」に対して，「私には〜と思われる」という仕方で，たまたまであるが，「いま，ここで，現に」世界が立ち現れている，という地点である（斎藤 2002：89-106）。フッサールによる当事者への引き戻し（還元）は，

他の可能性がある中で，たまたま，この私に対して，「いま，ここで，現に」世界が立ち現れていることを見出す視点への引き戻しである。

これは，抽象的な私という当事者ではなく，「他ならぬこの私（単独性）の視点」への引き戻しである。そして，この視点から「このこれ」という個体の単独性が見出される。こうした単独性こそが「学究的真理が置き去りにし，前提にしながら隠蔽している真理の源泉」（渡辺 2009：61）なのである。そして，現象学は「学究的真理を生の単独性から取り戻し，生きられた真理として回復しようとする」（渡辺 2009：63）のである。

学問が対象を抽象化／一般化して理解しようとすることに抗し，単独性を根拠にした真理を見出すためには現象学が必要である。

Ⅲ　現象学によって見出される真理

1．フッサール

(1) 自然的態度と超越論的態度

自然的態度とは，われわれの主観とは独立に世界が存在し，その中に私たちが存在しているのは自明（当たり前）であり，それが故に，そうしたことを意識していない態度のことである。これに対して，超越論的態度とは，自然的態度を一旦保留（判断停止）にして，私たちの世界を構成する（立ち現れるようにさせている）超越論的次元の仕組みや働きを反省する態度のことである。「自然的態度は，いったん超越論的態度を取ったときにはじめて，それがひとつの態度であったということがわかるという特徴をもっている」（谷 1998-b：649）。

（2）現象学的還元によって見出される超越論的間主観性
　　——超越論的次元①

　超越論的態度により超越論的次元にまで視点を引き戻すことが現象学的還元である。フッサールにおいては超越論的判断停止が現象学的還元となる（Husserl＝2001：50）。それは，私の意識（主観）の外部に客観的対象が存在していると素朴に信じていること（判断していること），すなわち，自然的態度を停止することである。そうすることによって，見えてくること（気づくこと）が，自然的態度において作動していたにもかかわらず気づいていなかった"意識"（超越論的次元）の仕組みや働きである。

　フッサールは，この意識の仕組みや働きを志向性という概念で捉えた。「この志向性という言葉は，何かについての意識であること，すなわち思うこととしてその思われたものを自らのうちに伴っている」（Husserl＝2001：69）。このような志向性の働きによって，私たち一人ひとりに「意味」を伴った世界が立ち現れる。フッサールによる重要な発見は，私たちに立ち現れている世界に志向性の働きが先行しているという点である。志向性が作動している領野（次元）が超越論的間主観性であり，フッサールはこの超越論的次元を発見したのである（斎藤　2000：ⅰ）。

（3）明証性としての真理

　フッサールにとって真理とは志向の充実であり，「その充実とは志向されたもの（対象あるいは事態）が実際に（wirklich），現に（gegenwärtig）与えられることである」（加藤　1994：242）。そして，このように「それ自身が現象し，それ自身を呈示し，それ自身を与えるという，まったく優れた意識の仕方」（Husserl＝2001：107）が明証である。「対象についての真理つまり真の現実は，明証からのみ汲み取ることができる」（Husserl＝2001：112）。

　この明証は「視る」という体験において与えられる。視るとは「事象が代理を介さずに，いわば『直々に〔本人みずから〕』（in eigener Person）（XXX, 326）自己を与えてくるあり方」（田口　2010：58）である。こうした「視る」

という体験において与えられるのが明証性としての真理である。

（4）考察
　私たちは知的に発達すると，自分を含めた世界を対象化する視点（俯瞰的視点）をもつことができるようになる。しかし，「現象学者が経験を分析する際，経験外部に視点を設定することはけっしてしない」（貫 2003：29）。現象学はみずからの経験に即して，自分が生きている世界を当事者の視点から眺める。そこで見出されたのが志向性の働きである。そしてその志向の充実としての明証こそが，真の現実であり真理である。
　フッサールによって，当事者の視点（他ならぬこの私の視点）から真理を捉えることが可能となった。しかし，フッサールの貢献はそれだけではない。フッサールは「絶対的真理を理念として確保することによって真理を相対的とする相対主義を回避し，しかもそれが原理的に入手不可能とみなすことによって絶対主義を回避する」（貫 2003：36-37）という，真理に対する新たな捉え方を提示した。明証性としての真理においては，私たちは志向の充実によって，真理そのもの（現実そのもの）には到達はしないが，それに近づいていくことはできるのである。

2．ハイデガー

　フッサールによって見出された，その事象がみずから示すものを「そのとおりに，そのように」という志向性（志向的生）のうちで捉える真理概念を踏襲しつつ（橋本 2012：184），「本来，現象学において扱われるべき『事象そのもの』とは，『意識とその対象性』ではなく，『存在者の存在』であり，しかもそれがその『非秘匿態』と『秘匿』とにおいてある事態である」（渡邊 2010：109）という観点から真理論を展開したのがハイデガーである。
　ハイデガーが明らかにした真理の意味を理解するためには，頽落（たいらく）という人間の非本来的な在り方と，先駆的決意性などによって見出される本来的実存につ

いて理解する必要がある。

(1) 頽落

空談，好奇心および曖昧さによって特徴づけられる日常性の根本的な存在の仕方，それをハイデガーは頽落と呼ぶ（Heidegger＝2013-b：320-321）。「日常性は，非本来的な，本来的な自己から頽落した状態」（門脇 2008：135）を意味する。空談とは，世間でいわれていることの根拠を確かめることなく理解していると思い込み，お喋りしている状態である。好奇心とは，新規なものに"はまってしまうようなこと"をいう。そして曖昧さとは，自分自身の生き方や了解の仕方を決定できないことを意味する（門脇 2008：138-139）。

また，ハイデガーは誘惑，安心させること，疎外，および囚われ（捕われ）という現象が，頽落に特殊な存在の仕方を特徴づけると考える。誘惑とは，現存在（世界の内に存在している"この私"という意味）の本来性（代替不能性／かけがえのなさ）が，「人」という代替可能な存在の中で喪失し，本来的な在り方の地盤が失われた在り方へと頽落する不断の誘惑のことである。安心させられるとは，世間でいわれていることの根拠を確かめることなく理解していると思い込むことから生まれる安心である（熊野 2013-c：41）。疎外とは，現存在に固有な存在可能性が隠されることであり，安心し，自分を他のものと比較することで現存在は疎外へと駆り立てられる（Heidegger＝2013-b：331）。そして，この疎外によって現存在は，自分自身のうちに捕われるようになる（熊野 2013-c：41）。

こうして現存在は「非本来的な日常性にぞくする地盤が失われたありかたと無性へと転落する」（Heidegger＝2013-b：333）。このような無性へと転落していく動性が現存在の頽落である（熊野 2013-b：41）。

(2) 不安・死・良心・先駆的決意性によって見出される本来的実存
　　　──超越論的次元②

現存在は，私にこの世界が与えられていることには何の根拠もない（無性）

が故に不安を覚える（Heidegger＝2013-b：365）。また不安は，いつ死ぬか分からないという在り方を露呈する（Heidegger＝2013-c：137）。このような中，現存在の本来的な在り方に気づかせてくれるのが良心である（Heidegger＝2013-c：216-217）。良心をもとうと意志することのうちに，現存在の本来的な在り方が開示される。なぜなら「良心とは，ハイデガーによれば『現存在の存在のあらわれ』」（貫 2007：65）だからである。

　良心をもとうと意志した結果として開示される現存在の存在様態が「負い目」である（仲原 2008：129）。仲原の解釈によれば「負い目」とは，現存在が本来的に自己であるためには，それを担わなければならない重荷を意味する（仲原 2008：134）。最も根源的な負い目（重荷）は自己の死に直面する不安である（仲原 2008：136）。そして「もっとも固有な負い目ある存在へと向けて，沈黙したままで，不安に耐えつつ自己投企すること（強調は原文）」（Heidegger＝2013-c：338）が決意性である。

　決意性は自己を配慮的に気遣う存在と，顧慮的に気遣う共同存在へと押し戻す（Heidegger＝2013-c：342-343）。ハイデガーは生きることは気を遣うことであるという（Heidegger＝2009：96）。ここでいう気遣いとは，「ある存在が，その存在なりの姿を取るようにしてあげる」（北川 2002：79）ことを意味する。

　こうした「気遣う」という現象の存在論的意味を探究することで時間性が発掘される（Heidegger＝2013-c：366）。そして，時間性は「現存在の本来的な全体的存在にそくして，つまり先駆的決意性という現象にそくして経験される（強調は原文）」（Heidegger＝2013-c：366）。言い換えれば，「先駆的決意性に即して読み取られた時間性が現存在の存在を可能にし，現存在に属する存在理解をも可能にする」（細川 2001：153）。ここにおいて，『存在と時間』の序論で提示された「現存在の存在の意味を時間性として示す」（Heidegger＝2013-a：134）という課題に対する分析内容が明示される。なお，ここでいう先駆的とは，「いま現在から見れば先のことではあっても，そこに早まわりしておくという，いまに先んじたあり方のことを意味する」（貫 2007：74）。

　時間性は対象化された直線的な時間ではない。そうではなく，「〈時〉を刻一

刻に刻んで生き，ぼくたち人間存在のあり方や態度」（古東 2002：131）が時間性（古東は刻時性と訳している）である。こうした時間性において，ふと気づくと，私の生は時を刻みながら存在しているが，そのことには何の根拠（理由）もないことが，また，いつ時が刻まれなくなる，すなわち，死が訪れるか分からないことが自覚される。

このような時間性（刻時性）が現存在の存在を可能にし，現存在の本来的な在り方を露わにする。

(3) 開示性としての真理

「真である（真理）とは，覆いをとって発見していることである」（Heidegger＝2013-b：494）。それは命題（認識）の問題ではない。そうではなく「覆いをとって発見することは，世界内存在の一箇の存在様式」（Heidegger＝2013-b：499）である。この存在様式についていえば，「現存在は等根源的に真理と非真理との内で存在している」（Heidegger＝2013-b：510）。そのため「現存在はその本質からして頽落するものであるがゆえに，その存在体制の面からいえば『非真理』の内で存在している（強調は原文）」（Heidegger＝2013-b：505）。

この非真理の内で存在している非本来的な在り方（頽落）から，真理の内で存在する本来的な在り方へと連れ戻す（関心を向け変える）のが，不安・死・良心，そして決意性である。これらにより，非真理（頽落した状態により覆いをされた状態）からその覆いを取って「存在」が発見される（開示される）。これが開示性としての真理である。

ハイデガーが『存在と時間』で探究した事象は「存在者（存在する物事）」ではなく「存在」である。ハイデガーは現象学の方法により，「存在」という事象そのものが，おのれを示すものを，おのれ自身のほうから示す（見えさせる）ようにしたのである。

(4) 考察

ハイデガーの真理論によって，当事者の視点から理解される真理という考え

を継承しつつ,人間本来の在り方(存在)の次元において真理を捉えることが可能となった。仲原が指摘するように,「現実に実存的に経験された真理のみが本当の真理と言いうるのであって,現実の経験を離れた客観的認識を得ただけでは真理に到達したことにはならない」(仲原 2008:115)のである。

自然科学であれば,物事に客観的認識を得たことが真理といえるかもしれない。しかし,人と人との営みであり,人間とは何かを問わざるを得ない社会福祉学においては,「現実に実存的に経験された真理」へと思考を拓かざるを得ない。ハイデガーの真理論はこのことに気づかせてくれる。

しかしながら,ハイデガーの哲学は存在論である。「存在論は〈他〉を〈同〉に連れもどす」(Lévinas=2005:61)。また,「存在の意味としての存在一般の開示よりも,みずから表出する存在者との関係が先だっている。すなわち,存在論の次元に倫理の次元が先だっている」(Lévinas=2006:46)。このような観点から,「他者との関係/対話」という次元において真理を見出したのがレヴィナスである。

3.レヴィナス

(1)私が支配する世界＝他者不在の世界

レヴィナス(Lévinas, Emmanuel)の主著『全体性と無限』の本文は,「『ほんとうの生活が欠けている』。それなのに私たちは世界内に存在している。形而上学が生まれ育まれるのは,このような不在を証明するものとしてである」(Lévinas=2005:38)という文章で始まる。ここでいう形而上学とは,私たちになじみ深い世界から旅立ち,まったく他なるもの,すなわち他者を渇望する思考のことである(Lévinas=2005:38-39)。また,ほんとうの生活とは,私が表象する(心に思い浮かべる)他者ではなく,私とは別の世界を生きている他者そのものと関係する生活である。すなわちレヴィナスは,世界の内に他者そのものは不在だから,その他者を渇望する思考(形而上学)が生まれるというのである。

レヴィナスは他者との関係について考察する際，〈同〉と〈他〉という言葉を用いる。〈同〉とは何か理解するために，熊野の文章を引用する。

「世界はたしかに私の外部に，私とは独立に存在している。とはいえ，意識によって集約され表象された世界は，なにほどかは〈私〉のうちに取り込まれている。私が〈私〉であるという同一性，この〈同（ル・メーム）〉の内部に回収されているのである」（熊野 1999：101）

　〈同〉とは私の意識（自我）であるが，それは他者を「この人はこういう人」と心に思い浮かべる（表象する）ことで，他者の他者性を奪い，私の世界に他者を取り込む。こうして，私とは異なる他者は，他者そのものではなく私の世界の登場人物に格下げされる。これが本来の他者（他者そのもの）との関係が失われ，ほんとうの生活が失われている中で世界の内に存在する状態である。私たちはこうした世界（現実）を生きているが故に，レヴィナスは「世界の組織のなかでは〈他者〉はほとんど無にひとしい」（Lévinas＝2006：41）という。

（２）顔の抵抗と呼びかけによって見出される倫理——超越論的次元③

❶顔の抵抗と呼びかけ

　ほんとうの生活を見出すきっかけとなるのが顔の体験である。レヴィナスがいう「顔」とは，私の内にある〈他者〉の観念を踏み越えて，この私の世界に〈他者〉が立ち現れる仕方である（Lévinas＝2005：80）。他者の顔は，私の世界に取り込まれること（所有されること），コントロールされること，そして殺されることを拒む。そして，そのようなものに対して抵抗する（Lévinas＝2006：37-43）。それだけではない。そこには，呼びかけ／命令がある。そのことをレヴィナスは次のようにいう。

「顔のうちで要求として語られるものは，たしかに，与えることと奉仕す

ることへの呼びかけ——すなわち，与えることと奉仕することの命令——を意味しています。しかし，それ以上に，しかもそれを含めて，たとえ非情な事態に直面したとしても，他人をひとりきりで見棄てておかないという命令を意味しています（強調は原文）」(Lévinas＝2010：152-153)

抵抗するだけでなく，顔は語りかけるのである（Lévinas＝2010：109）

❷顔の抵抗／他者からの審問と呼びかけ／他者への責任＝倫理
　レヴィナスは「倫理は，他なるものの外部性を前にして，他者を前にして，私たちが好んで言うように，他者の顔を前にして始まる（強調は原文）」(Lévinas＝1997-b：61)という。他者の顔を前にして始まる「倫理」は，「抵抗」という構造（Lévinas＝2006：37），いまあなたが占めている場所はほんとうにあなたのものなのかという「審問（問い質(ただ)し）」(Lévinas＝1997-a：192, 322, Lévinas＝2005：62)，そして他者の呼びかけに応える「責任」(Lévinas＝1997-b：76)といった関係性によって形成されている。その内容は「自分自身とは異なる他なるものの存在へ向けられた配慮」(Lévinas＝1993：297)であり，「他人の優先権を認めるという人間の可能性」(Lévinas＝1993：154)である。
　他者不在の世界の中で，他者の顔をきっかけに，他者との間に「倫理」という関係が築かれる。そこに「ほんとうの生活」，すなわち，他者と関係する世界がもたらされる。

（3）「語り」（証し）としての真理

❶真理の意味
　レヴィナスは「顔は現代の存在論に抗して，真理のもうひとつの概念をもたらす」(Lévinas＝2005：80)，「ことばを語ることを真理の起源に置くことは，見ることの孤独を真理の最初のはたらきと考える開示性〔という発想〕を断念することなのである」(Lévinas＝2005：193)という。「真理が生まれるのは，

第3章　社会福祉学における真理

……中略……他者にことばを語る場においてである」(Lévinas＝2005：107)というように，レヴィナスがいう真理は「語り」(証し)としての真理である。それは，この私が他者の顔の呼びかけに「私はここにいます」と語る中で，「それは確かであり真理である」と証される。

❷真理の内容

では，何が「それは確かであり真理である」と証されるのか。それは「無限」である (Lévinas＝2010：134)。無限は「命令する」のであり (Lévinas＝2010：139)，それは「与えることと奉仕することの命令」(Lévinas＝2010：153) なのである。他者の顔を通して示される，拒否・審問 (問い質し)，そして呼びかけ／命令があることは確実である。そのことが「私はここにいます」と語り応える (行為する) ことで証される。すなわち，呼びかけ／命令が真理の内容であり，その真理が「語り」によって証されるのである。

(4) 考察

主観─客観の二元論を前提にした真理の対応説になじんだ思考では，レヴィナスがいう「語り」(証し)としての真理を理解することは難しいかもしれない。にもかかわらず，筆者がそこにこそ社会福祉学における真理があると判断する根拠は，みずからの社会福祉の経験 (他者を支援する経験) である。

虐げ・奪われ・蔑まれている人を前にした時，その状態に対して無関心ではいられない。その状態の人と関わると，そこには様々な思いや抵抗があり，呼びかけがあるのを感じる。そこで発せられている「もうやめて」「助けて」「何でこんなことをするの」という叫びや訴え (呼びかけ) に嘘偽りはあり得ない。そして，この声を聞いたが故に「何とかできないか」と思い，「大丈夫ですか。私に何かできますか」と声をかける気持ちと発言にも嘘偽りはあり得ない。筆者には，それは疑いえない確実なこと，すなわち，真理であった。「語り」(証し) としての真理は，経験によって確認される真理なのである。

4．真理に対する理解の深まり

（1）思い込みから現実そのものへ関心を向け変える

　フッサールであれば判断停止（エポケー），ハイデガーは不安と良心，レヴィナスの場合は顔の体験と，そのきっかけとなるものは異なるが，それぞれが共通して，思い込みの世界，あるいは非本来的な在り方（世界）から，本来的な在り方（世界）を成り立たせている根源的次元（超越論的次元）へと視点（関心）の向け変えを行っている。そして，そうした根源的次元から，一人ひとりが経験する現実の世界において見出される真理を語っている。

　世界という舞台の上で社会福祉という営みは行われている。そして，この世界に対する見方・理解が，社会福祉学の意識されない前提になっている。しかし，前提が誤っていれば，その前提から導かれる知識の体系（学問）も誤ったものとなってしまう。そのため，社会福祉学を構想するのであれば，意識されないながらも前提となっている世界，さらには，その世界を構成している超越論的次元にまで遡り，そこで見出された真理に基づき社会福祉学を構築していく必要がある。

（2）真理の根拠

　冒頭で述べた通り，真理とは「確実な根拠に基づいて正しいと認められた事柄」である。一方に客体（客観）があり，もう一方に主体（主観）があるという二元論の世界では，客体（客観）が真理の確実な根拠となっている。フッサールは志向性という概念により，こうした客体（客観）と主体（主観）に先立つ「間」（超越論的主観性＝超越論的間主観性）の次元を発見し（Held＝2000：55），「事象そのものがみずから示すものこそが真理である」という見方を提示した。そこでは，事象そのものが真理の根拠とされた。

　事象そのものは，志向性や気遣い，あるいは責任といった関係性の中で体験される。すなわち，事象そのものが真理の根拠ということは，真理の根拠は一人ひとりの体験にあるということである。ただし，このことは私的体験（その

人の主観）に真理の根拠を置くことを意味するのでは決してない。なぜなら，一人ひとりの体験は超越論的次元（フッサールならば意識，ハイデガーならば存在，そして，レヴィナスならば他者）の仕組みと働きによって構成（顕在化）されているからであり，それこそが真理の根拠だからである。

現象学によって明らかにされたことは，超越論的次元こそが，それ以上遡ることができない真理の根拠であるという点と，真理は，こうした超越論的次元によって構成される一人ひとりの経験（生）によって確認されるという点，この２点である。

Ⅳ 社会福祉学における真理

１．真理の意味と内容

真理とは何か。この問いに対して，「真理とは〜である」という形で明らかにされる「〜」の部分が真理の意味である。具体的にいえば，冒頭に掲げた「確実な根拠に基づいて正しいと認められた事柄」が真理の意味である。一方，「〜は真理である」というように，真理という述語（言葉）によって，それは真理であるとされる事柄が真理の内容である。

こうした区別に基づき，社会福祉学における真理の意味と内容を確認する。

（１）真理の意味

社会福祉学における真理の意味とは，「事象そのものがみずから示してくるもの」である。ここでは，超越論的次元の仕組みと働きが確実な根拠となる。そして，その仕組みと働きによって事象そのものがみずから示してくるものが正しいと認められる。明証性としての真理においては，意識の中で疑いえないほど明らかに与えられる事象が，開示性としての真理においては，本来的な在り方の中で「心底そうだ」と思える事象が，そして「語り」（証し）としての真理においては，他者との関わりの中で疑いえないほど確実である事象が，正

しいと認められる事柄であり，真理である．

（2）真理の内容

社会福祉学における真理の内容は，意識，存在，他者という，それぞれの超越論的次元において，事象そのものがみずから示してくるもの（内容）である．

❶明証性としての真理の内容

意識という超越論的次元において，端的に「～は真である」といえるものは，たまたま，この私に対して，「いま，ここで，現に」世界が立ち現れているという経験である．デカルト（Descartes, René）における懐疑のように，立ち現れている内容は疑うことができる．しかし，「いま，ここで，現に」世界が立ち現れているということ自体は疑いようがない（Descartes＝1997：46）．この疑いようのない「世界が立ち現れているという経験」が，明証性としての真理の内容である．

❷開示性としての真理の内容

存在という超越論的次元において，端的に「～は真である」といえるものは，無根拠である（この私に世界が与えられている根拠などなく，むしろ与えられなかった方が当たり前であり，いつ無くなってもおかしくない）にもかかわらず，この世界が在る（与えられている）という出来事への気づきの経験である．こうした経験が存在の開示性である．存在の開示性（経験）により，私にこの世界があることのかけがえのなさや有り難さ（感謝）が感じられ，そして「人間（かけがえのない世界）は大切な存在なんだ」といったことを実感する．

貫は「存在の『開示性』に身をゆだねることこそ，人間の尊厳である」（貫 2007：129）という．このことを踏まえていえば，この世界があることの有り難さやかけがえのなさを実感することが「人間本来の尊厳」である（中村 2011：68）．そして，「人間には尊厳がある」と心底思う経験が，開示性としての真理の内容である．

❸「語り」(証し) としての真理の内容

　他者という超越論的次元において，端的に「～は真である」といえるものは，他者の顔の抵抗や審問，そして呼びかけに，言葉をかける，行為で応じる経験である。この経験を現す言葉が「他者への責任＝倫理」である。

　虐げ・奪われ・蔑まれている人と関わると，そこには様々な思いや抵抗があり，呼びかけがあるのを感じる。そこで発せられている叫びや訴え（呼びかけ）に嘘偽りはあり得ない。そして，この声を聴いたが故に「何とかできないか」という思いにも嘘偽りはあり得ない。こうした他者への責任＝倫理は，疑いえない確実なことであり，この倫理は「私はここにいます」と語り応える（行為する）ことで証される。このような倫理の経験が，「語り」（証し）としての真理の内容である。

2．真理と公理・価値

(1) 真理と公理

　社会福祉学は真なる知識（真理）を体系化したものである。そこには，様々な真理がある。その中にあって，先に確認した，明証性としての真理，開示性としての真理，そして，「語り」（証し）としての真理，それぞれの内容は，社会福祉学の根源（根底）にある真理であり，その意味で公理である。

　第2章で明らかにした社会福祉学の公理とこの章で明らかにした社会福祉学の根源にある真理は，次のように対応している。まず，「私に〈いま・ここで・現に〉世界が立ち現れている」という公理1は，明証性としての真理を表現したものである。次に，「根源的偶然性（私が～だったかもしれない）」という公理1―定理2と，「在ることの奇跡」という公理1―定理3は，開示性としての真理を表現したものである。そして，「他者の痛みや苦しみを感じる」という公理2と，「この私には他者への責任＝倫理がある」という公理3は，「語り」（証し）としての真理を表現したものである。

（2）真理と価値

　尊厳や責任は通常,「価値や規範」として捉えられる。そして,価値観の多様化の中,それらも1つの価値あるいは規範として相対化されていく。しかし,これまでの考察によって示されたことは,「人間本来の尊厳」や「他者への責任＝倫理」は,真理の内容ということである。すなわち,「人間本来の尊厳」や「他者への責任＝倫理」は,多様な価値や規範の1つではなく,社会福祉学の根源にある真理の内容であり公理なのである。そして,こうした真理（公理）が「価値」として理解されるのである。言い換えれば,社会福祉学はこうした真理（公理）＝価値を根底にして構築されていくのである。

3．客体的真理と主体的真理

（1）客体的真理から主体的真理へ

　人間は自然を構成する物質とは異なるため,自然と距離をとることができる。そして,自然科学であれば,客体・物質（客観）と主体（主観）という二元論の世界を前提にした上で,客体・物質（客観）を根拠に,真理を理解することができる。しかし,社会福祉のように,人と人とによって織り成される活動を対象とした学問では,それぞれの人が現に生きている世界,そうした世界を構成する超越論的次元（意識,存在,他者）において理解される真理が,学問を構築していく上での根源にある真理となる。この真理が理解されないと,誤った人間理解や世界に対する見方（思い込み）を基盤に社会福祉学が構築されてしまう。

　客体（客観）を根拠にした真理を客体的真理と呼ぶならば,本章で明らかにした真理は主体的真理とでも呼ぶべきものである。ただし,それは客体（客観）に対比される主体（主観）ではなく,客体（客観）と主体（主観）という世界像の手前にある,私と他者との「間」で作動している超越論的次元を根拠に見出される真理である。

　客体的真理から主体的真理へ,主体的真理の中でも,明証性としての真理か

ら開示性としての真理へ,さらには開示性としての真理から「語り」(証し)としての真理へ,という真理に対する理解の深まりは,ギリシア的真理からヘブライ的真理への深化ということができる。

　ボーマン(Boman, Thorleif)によれば,ギリシア人にとって真理は隠されていないもの,はっきり見得るものを意味した(Boman＝2003：316-318)。これに対して,ヘブライ人は客観的な意味での真理ではなくて,主体的な確実性,実存的な信頼性を問題にした(Boman＝2003：318)。客体(客観)と主体(主観)という客体的真理は,純粋にギリシア的真理であるが,主体的真理には主体的な確実性というヘブライ的真理の要素が含まれている。しかしそれでも,明証性としての真理にしても,開示性としての真理にしても,隠れていないものというギリシア的真理の要素がある。こうしたギリシア的真理の要素が最も弱く,ヘブライ的真理の要素が強いのが「語り」(証し)としての真理である。

(2) 主体的真理を基盤として構築される社会福祉学

　社会福祉学の根底には主体的真理と呼ぶべきものがある。それは,ダーバールによって示される真理であり,人間や世界に対する真なる理解・態度である。この真理が,社会福祉という営みを生み出す(創造する)と同時に,そうでないもの(紛い物)を,「それは社会福祉ではない」と峻別する。すなわち,主体的真理が社会福祉という対象を規定する。こうして規定された社会福祉という対象には,その対象を対象たらしめる秩序がある。その秩序はロゴスによって明らかにされる真理であり,それは客体的真理である。

　社会福祉学という社会福祉に対する真なる知識の体系は,主体的真理を基盤にしつつも,客体的真理と相まって,そして,それらを基準として構築される。

V おわりに

　意識していない人間や世界に対する思い込み，ハイデガーが指摘したような非本来的な在り方，あるいは，レヴィナスがいうような他者不在の世界，これらを基盤に社会福祉学を構築しても，所詮，土台が誤っているのであるから，社会福祉に対する真なる認識＝真理は得られないであろう。そうならないために，現象学という方法を用いて，私たちが現に生きている世界の根源にある真理について考察してきた。そこで見出されたのが主体的真理である。社会福祉学を構築するのであれば，この主体的真理に気づかなければならない。

　より根源にあるものへと遡行してきた本章の考察により，社会福祉学を構築していく上での出発点となる主体的真理を見出すことができた。ここを起点として，社会福祉学を構築していくことができる。最初に求められる課題が，社会福祉学の対象を確定する作業である。次章ではこの課題に取り組む。

[文献]

Boman, T. (1954) *Das hebräische Denken im Vergleich mit dem Griechischen*, 2 Aufl. Vandenhoeck & Ruprecht.（＝2003，植田重雄訳『ヘブライ人とギリシヤ人の思惟（オンデマンド版）』新教出版社）.

Descartes, R. (1637) *Discours de la Méthode*.（＝1997，谷川多佳子訳『方法序説』岩波書店）.

Galilei, G. (1890-1909) *Opere di Galileo Galilei, Edizione nazionale, a curadi Antonio Favaro, 21 vol*, Firenze.（＝1976，青木靖三訳『ガリレオ』平凡社）.

橋本武志 (2012)「第三部　第1章　ハイデガー真理論の射程と限界」宮原　勇編『ハイデガー『存在と時間』を学ぶ人のために』世界思想社，182-206.

Heidegger, M. (1927) *Sein und Zeit*, 1. Aufl.（＝2013-a, 熊野純彦訳『存在と時間（一）』岩波書店）.

Heidegger, M. (1927) *Sein und Zeit*, 1. Aufl.（＝2013-b, 熊野純彦訳『存在と時間（二）』岩波書店）.

Heidegger, M. (1927) *Sein und Zeit*, 1. Aufl.（＝2013-c, 熊野純彦訳『存在と時間（三）』岩波書店）.

Heidegger, M. (1985) Gesamtausgabe, II. Abteilung：Veröffentlichte Schriftengen,

Bd. 61, *Phänomenologische Interpretationen zu Aristoteles; Einführung in die phänomenologische Forschung*, Vittorio Klostermann. Frankfurt am Main.（ ＝ 2009，門脇俊介，コンラート・バルドゥリアン訳『ハイデッガー全集　第61巻　アリストテレスの現象学的解釈　現象学的研究入門　第2部門　講義（1919-44）』創文社）．

Held, K.（1985・1986）*Husserls Phänomenologie, das Tor zur Philosophie des 20. Jahrhunderts*, Philipp Reclam jun., Stuttgart.（＝2000，浜渦辰二訳『20世紀の扉を開いた哲学――フッサール現象学入門』九州大学出版会）．

細川亮一（2001）『ハイデガー入門』筑摩書房．

Husserl, E.（1954）*Die Krisis der europäischen Wissenschaften und die transzendentale Phänomenologie*：Eine Einleitung in die phänomenologische Philosophie, *Husserliana* Bd. VI, Haag, Martinus Nijhoff.（＝1995，細谷恒夫・木田元訳『ヨーロッパ諸学の危機と超越論的現象学』中央公論新社）．

Husserl, E.（1977）Philosophische Bibliothek Bd. 291, Edmund Husserl, *Cartesianische Meditationen. Eine Einleitung in die Phänomenologie*, Herausgegeben, eingeleitet, und mit Registern versehen von Elisabeth Ströker, Felix Meiner.（＝2001，浜渦辰二訳『デカルト的省察』岩波書店）．

門脇俊介（2008）『「存在と時間」の哲学Ⅰ』産業図書．

加藤精司（1994）「真理」木田　元・村田純一・野家啓一・ほか編『現象学事典』弘文堂，242-243．

北川東子（2002）『シリーズ・哲学のエッセンス　ハイデガー――存在の謎について考える』NHK出版．

古東哲明（2002）『ハイデガー＝存在神秘の哲学』講談社．

熊野純彦（1999）『レヴィナス入門』筑摩書房．

熊野純彦（2013-a）「注解（81-83）」ハイデガー著，熊野純彦訳『存在と時間（一）』岩波書店，175-176．

熊野純彦（2013-b）「注解（94-95）」ハイデガー著，熊野純彦訳『存在と時間（一）』岩波書店，193．

熊野純彦（2013-c）「梗概2」ハイデガー著，熊野純彦訳『存在と時間（二）』岩波書店，21-57．

Lévinas, E.（1961）*Totalité et Infini, Essai sur l'extériorité*, Martinus Nijhoff.（＝2005，熊野純彦訳『全体性と無限（上）』岩波書店）．

Lévinas, E.（1961）*Totalité et Infini, Essai sur l'extériorité*, Martinus Nijhoff.（＝2006，熊野純彦訳『全体性と無限（下）』岩波書店）．

Lévinas, E.（1982）*De Dieu qui vient à l'idée*, Vrin.（＝1997-a，内田　樹訳『観念に到来する神について』国文社）．

Lévinas, E.（1982）*Éthique et Infini, Dialogues avec Philippe Nemo*, Fayard.（＝2010，西山雄二訳『倫理と無限――フィリップ・ネモとの対話』筑摩書房）．

Lévinas, E.（1987）*Hors Sujet*, Fata Morgana.（＝1997-b，合田正人訳『外の主体』

みすず書房).
Lévinas, E.(1991)*Entre nous,* Grasset.(=1993,合田正人・谷口博史訳『われわれのあいだで』法政大学出版局).
仲原　孝(2008)『ハイデガーの根本洞察――「時間と存在」の挫折と超克』昭和堂.
中村　剛(2011)「社会福祉学の原理としての『存在』――人間本来の尊厳を露わにする『存在』の探究」大阪大学大学院文学研究科臨床哲学研究室編『臨床哲学』12, 59-70.
野家啓一(1998)「真理」廣松　渉・子安宣邦・三島憲一・ほか編『岩波哲学・思想事典』岩波書店, 848-849.
貫　成人(2003)『経験の構造――フッサール現象学の新しい全体像』勁草書房.
貫　成人(2007)『入門・哲学者シリーズ4　ハイデガー――すべてのものに贈られること：存在論』青灯社.
Platōn著, 藤沢令夫訳(=2010)『パイドロス』岩波書店.
斎藤慶典(2000)『思考の臨界――超越論的現象学の徹底』勁草書房.
斎藤慶典(2002)『フッサール　起源への哲学』講談社.
盛山和夫(2011)『叢書・現代社会学③　社会学とは何か――意味世界への探究』ミネルヴァ書房.
田口　茂(2010)『フッサールにおける〈原自我〉の問題――自己の自明な〈近さ〉への問い』法政大学出版局.
谷　徹(1998-a)『意識の自然――現象学の可能性を拓く』勁草書房.
谷　徹(1998-b)「自然的態度」廣松　渉・子安宣邦・三島憲一・ほか編『岩波哲学・思想事典』岩波書店, 649.
谷　徹(2002)『これが現象学だ』講談社.
渡邊二郎(2010)『渡邊二郎著作集　第5巻　フッサールと現象学』筑摩書房.
渡辺英之(2009)「第2章　第1節　現象学の真理論――フッサールによる超越論的基礎づけの試み」吉田謙二監修, 加賀裕郎・隅元泰弘・立山善康編『現代哲学の真理論――ポスト形而上学時代の真理問題』世界思想社, 54-68.

第4章
社会福祉学の対象となる研究領域
——超越論的，生活者，観察者という3つの視点から

I　はじめに

　社会福祉学は，何らかの方法を用いることで，社会福祉といわれる対象の真なる認識（真理）を探究する。これまで，こうした社会福祉学の構築を目指して幾つかの構想が提示されてきた。しかし，そうした先行研究においては重要な事実が2点，着目されず今日に至っている。
　1つめは，「対象と主体の間には言葉があり，それが故に，そこには意味や概念がある」という事実である。2つめは，「対象が認識（理解）されるのは，一人ひとりが生きている世界において」という事実である。この2点は，自明であるが故に意識されることがほとんどない。しかし，社会福祉学という営みを根底で支えている事実である。
　1つめの事実に気づき，それを踏まえ社会という対象の探究をしているのが社会学である。さらに社会学はシュッツ（Schütz, Alfred＝1982）や盛山（1995）に観られるように，2つめの事実にも気づき理論構築をしている。ただし，社会学はみずからを経験の学と限定するため，クロスリー（Crossley, Nick＝2003）や西原（2010）ら一部の研究者を除いては，「対象がこの私の意識に，いかにして与えられるのか」といった，超越論的な問いについての考察は十分にしていない。この問いについて探究し，新たな知見をもたらしているのが現象学である。
　本章の目的は，現象学と社会学の知見を援用することで，社会福祉学の対象となる研究領域を確定することである。そして，方法は，私たちが生きている世界と社会という全体の在り方を明確にし，そこから，超越論的視点，生活者（当事者）の視点，観察者の視点を設定する，というものである。
　超越論的視点にまで遡ることで，社会福祉の認識を可能にする根源的真理（第3章で明らかにした主体的真理）が見出され，それを基準に社会福祉という対象が規定される。また，規定された対象は意味的存在であることが明らかにされる。生活者（当事者）の視点に立つことで，人々が感じる痛みや苦しみ，他

者を配慮する気持ちなどが心に響く形で、社会福祉を理解することができる。そして、観察者の視点をもつことで、社会福祉に関する様々な規則性が理解される。本章では、これら3つの視点から社会福祉学の対象となる研究領域の確定を試みる。

Ⅱ 世界と社会の存立構造

　私たち一人ひとりに、かけがえのない世界が与えられている。そこには時があり死がある。そしてその世界には、この私とは異なる世界を生きている他者が存在している。にもかかわらず、世界があるという「存在」を忘却し、「他者」不在の世界の中では、社会福祉という対象の真なる姿は理解できない。なぜなら、社会福祉学の基盤となる世界に対する正しい（真なる）認識や、私とは異なる世界を生きている他者に対する正しい（真なる）認識がなければ、社会福祉に対する認識（理解）は歪んだもの／正しくないものになってしまうからである。これが社会福祉学を構想する上での本書の基本的な考えである。
　こうした考えに基づき、本章ではまず、世界と社会という全体の存立構造に関する仮説を提示し、その後、基盤となる世界に対する正しい（真なる）認識や、私とは異なる世界を生きている他者に対する正しい（真なる）認識へと考察を進める。

１．私たち一人ひとりが生きている現実の世界

（１）世界に対する２つの現実感
　私たちは世界という全体の中で暮らしている。ここでいう「世界」とは、私たち人間が経験できるもの、認識できるもの、想像できるもの"すべて"を意味する。そこには実在するものだけでなく、想像上のものも含まれている。しかしよく考えてみれば、その世界は「私」が経験できるもの、認識できるもの、想像できるものすべてである。そう考えると、私と他者との間には根本的な違

いがあることに気づく。それは，この世界に存在する私以外の者（他者）が死んでも，私が生きている世界は消滅しないが，私が死ぬと私が生きている世界は消滅する，という違いである[1]。これが，私たちが生きている現実の世界である。

もちろん，他者が死んでも世界は存続しているという経験から，私たちは自分が死んでも世界そのものは消滅しないことを知っている。しかし，誰もが自分が死んだ後の世界を経験することはできない。すなわち，私たちが生きている現実の世界は「私の世界」なのである。その世界の中で社会福祉という営みを認識したり経験したりしている。

これが，私たち一人ひとりが生きている世界であり現実である。私たちが生きている現実の世界から社会福祉学を構築するということは，こうした世界から社会福祉学を構築することを意味する。

（2）私の世界を超越しているものがいかにして理解されるのか

いま述べたように世界を理解するならば，2つの世界があることになる。1つは「私が生きている世界」である。もう1つは，私の死後も存続し続ける「世界そのもの」である。「世界そのもの」は誰も経験することができない。この事態を「超越している」という。「世界そのもの」は「私が生きている世界」を超越している。超越しているものは世界だけではない。他者も同様である。私たちは，私が生きている世界の中で他者に出会い，その他者を様々な経験や情報をもとに理解する。しかし，それは私によって理解・解釈された他者に過ぎず，「他者そのもの」ではない。

私の世界を超越しているものが，どのようにして私の世界に与えられ，私の世界が構成されるのかを問うことを「超越論的」という（Kant＝2010：57）。カント（Kant, Immanuel）によって見出された「超越論的」な課題を，現象学という方法をもって応えたのがフッサールである。フッサール（Husserl, Edmund）は，世界や他者に対する判断を一旦保留にすることで，私の世界が構成される現場（事態）を理解できる地点へと視点を引き戻す。これを現象学的還元とい

う（Husserl＝2001：50）。そうすることでフッサールは，普段は気に留めない意識の働きを発見し，それを志向性という概念で捉えた。志向性とは対象へと向かう意識である（Husserl＝2001：69）。そこには意識の作用であるノエシスと，その作用の結果，ある対象が「～として」（意味をもったものとして）理解されるノエマの2つの側面がある（Husserl＝1984：106-108）。

　すなわち，志向性の働きにより私の世界を超越する対象が「～として」（意味をもったものとして）理解されるのである。この志向性の働きには，私から世界や他者へと向かうベクトルもあれば，他者から私に向かうベクトルもある。このような志向性が働いている領野（場）が超越論的間主観性である（Husserl＝2001：233）。

　現象学の知見によれば，世界や他者といった私の世界を超越しているものは，超越論的間主観性が作動している志向性の仕組みと働きによって，この私の世界に与えられ，私の世界は構成される（私に立ち現れる）のである。

2．世界の中で生成される社会

（1）コミュニケーションによる秩序の生成

　私たちが生きている世界の中に「社会」といわれる対象が存在する。この社会について『現代社会学事典』（2012）では，次のように説明されている。

> 「……中略……諸個人の個々の関係行為（コミュニケーション）の接続が固有の秩序を形成し，個々の要素的行為にまで分解したときには見失われてしまうような集合的な諸現象を生成することで，これら関係行為の集合が外部から境界区別されるような統一性を呈しているとき，その集合を『社会』とよぶ。……中略……
> 　一方で，人間の各個人はそれぞれ固有の世界を有するので，個人間の差異は，包括的な世界と世界の間の差異であり，レヴィナス，E. が述べているように無限の隔たりである。……中略……それゆえ，社会の同一性自

体が，解消できない差異性を前提にして成り立っていることになる。……中略……
　このように社会の同一性は，どの特定の個人にも所属しない規範に依存している。したがって，社会は個人の変化や入れ替えから独立した自立性と持続性を有する即自態として現象する」（大澤　2012-a：559）

　ここでいう「関係行為（コミュニケーション）の接続」とは，私に情報を発信する他者が様々な可能性の中からある情報を選択し，さらにその情報を私に伝えるという態度を選択し，その伝達が私に理解されることである。そして，「その接続に固有の秩序が形成される」とは，関係行為（コミュニケーション）においては，様々な選択肢（可能性／複雑性）があった中で，その可能性／複雑性が縮減されて「ある固有な行為が現実化している」ことを意味している。

（2）意味
　『現代社会学事典』の「社会学史」という項目には「20世紀の後半以降に次々と現れた理論には，ひとつの明白な特徴がある。それは，『意味』や『言語』『解釈』といったことを強調したことである」（大澤　2012-b：576）とある。ここでいう「意味」とは次のようなことである。

　　「社会学において重要な『意味』の概念は，主として現象学に由来する。対象は，意識に対して，『なにものか』として現れる。この『なにものか』が，つまり対象が意識に対して現象するさいに帯びる同一性が，その対象の，意識主体にとっての『意味』である」（大澤　2012-c：69）

　ルーマン（Luhmann, Niklas）はこうした現象学における「意味」の理解を基礎にしつつも，「意味は諸可能性の継続的な顕在化にほかならない」（Luhmann＝1993：101）という見解を示す。こうした理解は，意味を個人の主観だけでなく，コミュニケーション，そしてシステムの水準で理解すること

を可能にする。

　これらの見解に基づくならば，社会とは，①私の世界と他者の世界という解消不可能な差異があることを背景に，②個人と個人との間における関係行為（コミュニケーション）により，③個人には還元できない「意味」を伴った固有の秩序（関係性）として現象している事態と理解できる。

3．世界と社会の存立構造に関する仮説の提示

　①この私という当事者（生活者の視点）からみれば，私にある世界（生活世界）が立ち現れている。そして，私はその世界を生きている。同様に，他者は私の世界に還元し得ない固有な世界を生きている。私の世界に還元されない他者の世界を生み出す原点を超越論的他者という。②こうした世界が立ち現れる仕組みや働きを解明する超越論的視点（哲学の視点）へと視点を引き戻すと（現象学的還元），これらの世界は超越論的間主観性における志向性の仕組みと働きによって構成されていることが分かる。発生論的にいえば，私たちはこの世に生まれ，私と他者との間にある言葉（気持ちや考え）のやり取り（超越論的間主観性という領野における志向性の仕組みと働き）や経験の中で，私や他者の世界が徐々に生成される。③こうして生成・構成された私や他者の世界を対象化する観察者の視点（社会科学の視点）を設定すると，私たちは，社会といわれる固有の秩序（関係性）を生成し，かつ，社会を形成する一員（当事者／参加者）となり，自分の視点から社会を「～として」（意味をもった対象として）理解していることが分かる。④さらにこの後で述べるように，社会福祉を理解するためには，現象学的還元に先立って，メタノイヤという視点の移動をした私の立場に立つ必要がある。

　いま述べたことを図で表すならば，世界と社会の存立構造に関する仮説として図3を提示できる。

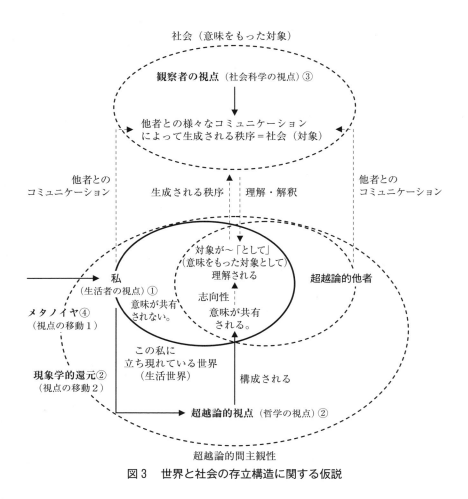

図3 世界と社会の存立構造に関する仮説

Ⅲ 社会福祉学における根源的視点

　社会福祉学における根源的な視点とは，社会福祉といわれる固有な秩序（関係性）を見出す視点である。言い換えれば，「社会福祉という対象」を見出す

視点である。この視点を得るためには2段階の視点の移動が必要である。

1．"視るべきものを視る"（メタノイヤ）と底辺という視点

　最初の視点の移動は，社会福祉という対象の認識，およびその本質理解を可能にする地点への視点の移動である。この課題に対して，"視るべきものを視る"という言葉で，どこに視点を移すべきであるのかを示しているのが小倉襄二である。小倉は"視るべきもの"を，"人を人とも思わぬ状況"，"無念をのみこむ無数の状況"と表現する（小倉 1996：31-43）。"視る"とは底辺（視るべきもの）に向かい，そこにいる人たちの状況に身を置くことを志すことである。
　小倉は，視るべきものを視ず，視線をあらぬ方に注いでいて策定される福祉計画の空しさを指摘している（小倉 1996：35）。この指摘は，社会福祉学の構想にも当てはまる。確かに，社会福祉の本質を理解するためには，社会福祉という営みから離れ，その全体像を観察する必要がある。しかしその前に，視るべきものを視て，そこに身を置き，そこにいる人たちと関わることが，社会福祉の本質を理解するためには不可欠である。なぜなら，そうしなければ，これまでの章で確認した社会福祉学における根源的な真理＝公理である，他者への責任＝倫理，ダーバールという根源的な言葉を理解する（感じる）ことができないからである。
　"視るべきものを視る"という視点の移動をさらに進めて，社会福祉の本質理解を可能にする地点および視点を示しているのが本田哲郎である。本田はその地点および視点を，聖書で使われているメタノイヤというギリシア語で示している。
　本田はまず，どこに立って聖書を読むか，言い換えれば，どちらの側に立って聖書を読むのかを問う。どちらの側とは，英雄的に社会の底辺に降り立った人の側か，それとも，もともと社会の最も底辺ないし周縁に生きる人の側かである（本田 2010：23）。メタノイヤとは，後者の立場に立って聖書を読む，そして現実をみることを意味する。メタノイヤに対応するヘブライ語はニッハム

であるが，それはto have compassion with，つまり，痛み，苦しみを共感・共有するという意味である（本田 2010：30）。すなわち，メタノイヤとは，底辺にいる人たちの側から，そして，その痛みや苦しみを感じられる地点から聖書を読み，社会を見直すことを意味する。

　視るべきものを視て，そしてメタノイヤという視点の移動を行った時，そこで，蔑まれている人たちが心の中でつぶやく「人として扱ってほしい」という声や，虐げられている人たちが心の中で叫ぶ「もうやめて」という声を聴く（感じる）。そして，その声に「私はここにいます」と応えることで，そこに責任という関係が生まれる。こうした関係性（コミュニケーション）こそ，社会福祉といわれる固有の秩序（社会福祉という対象）となる。

　自然界にはロゴスとして見出すことができる秩序（法則）がある。同様に，人間界における社会福祉にも秩序がある。それは，この後で見るように，観察者の視点に立つことによって見出せるものである。しかし，社会福祉には第1章で明らかにしたように，ロゴスに先立つダーバールという呼びかけがあり，それこそが社会福祉という固有の秩序を生み出している。歴史の中で，そして社会の中で作用しているダーバールこそが社会福祉という営みを生み出し，その営みを根源で支えている。それに気づくためには，視るべきものを視て，そしてメタノイヤという視点の移動が必要なのである。

２．現象学的還元と超越論的視点

　メタノイヤという視点の移動を行うことで，他者の呼びかけを聴く。そこでは，その人を大切に感じ，放っておけないという気持ちになる。おそらくこれが，社会福祉の最も原初的な経験であろう。ここで，社会福祉という営みを経験する。しかし，経験したからといって，その経験の「意味」が理解されるとは限らない。

　社会福祉という経験の「意味」を理解するために行う視点の移動が現象学的還元であり，それにより見出されるのが超越論的視点である。フッサールであ

第4章　社会福祉学の対象となる研究領域

れば判断停止（エポケー），ハイデガーは不安と良心，レヴィナスの場合は顔の体験が，超越論的次元への視点の引き戻し（現象学的還元）となる。超越論的視点に立つことにより，第3章で明らかにした社会福祉学の根源にある真理（主体的真理）を見出すことができる。それは，明証性としての真理，開示性としての真理，そして「語り」（証し）としての真理である。こうした真理によって，社会福祉という経験の「意味」を理解することができるようになる。具体的にいえば，人を大切に感じる気持ちの意味は「尊厳」として，放っておけない気持ちの意味は「他者への責任＝倫理」として理解される。

3．社会福祉学における根源的視点

何が社会福祉であり，何が社会福祉でないのか。言い換えれば，社会福祉とそうでないものを区分する境界線を引くことで，社会福祉という対象を見出すことを可能にする視点，それが社会福祉学における根源的視点である。

この視点は，メタノイヤと現象学的還元という2つの視点の移動によって見出される。そして，この根源的視点から理解されるのが第3章で明らかにした社会福祉学における根源的真理（主体的真理）である。この根源的な真理こそが，何が社会福祉であるのかという対象を規定する基準であり根拠となる。次に，そのことを説明する。

Ⅳ　根源にある真理と意味的存在としての社会福祉

1．真理の意味

まず，改めて真理の意味を確認する。真理は「確実な根拠に基づいて正しいと認められた事柄」（野家 1998：848）である。第3章で明らかにした通り，社会福祉学における真理の意味とは，「事象そのものがみずから示してくるもの」である。ここでは，超越論的次元の仕組みと働きが確実な根拠となる。そ

して，事象そのものがみずから示してくるものが正しいと認められる。明証性としての真理においては，意識の中で疑いえないほど明らかに与えられる事象が，開示性としての真理においては，本来的な在り方の中で「心底そうだ」と思える事象が，そして「語り」（証し）としての真理においては，他者との関わりの中で疑いえないほど確実である事象が，正しいと認められる事柄であり，真理である。

　さて，明証性としての真理の内容は，「いま，ここで，現に」世界が立ち現れているという経験である。この経験自体は疑いようがない。そして，この真理は分かりやすい。これに比べ，存在の真理である「開示性としての真理」と，他者の真理である「『語り』（証し）としての真理」は分かり難いところがある。そのため，この2つの真理について，改めて（分かりやすく）説明する。

2．存在と他者に関する真理

（1）存在の真理（開示性としての真理）

　一人ひとりに世界が与えられている（存在している），というテーマについて探究したのがハイデガーである。ハイデガー（Heidegger, Martin）は存在の意味を時間性に見出す（Heidegger＝2013：143）。それは，以下のようなものである[2]。

　過去（被投性）：私は，ふと気づくと日本で生まれ，いま大学院で学んでいる。しかし，大学院どころか大学に進学することが難しい知力や環境に生まれていたかもしれない。私がいまの私として，そしてこの環境に生まれてきたことには，何の必然性（根拠）も無い。もっといえば，生まれてくる必然や根拠すら無い。にもかかわらず，存在が与えられた。

　将来（先駆性／企投性）：私の将来において必ず起こることがある。それは死（有が無になること）である。死はいつこの私に訪れるか分からない。

　いまこの時（先駆的決意性）：存在しなかった可能性の方がはるかに高い，にもかかわらず，いまこうして存在している。また，常に死ぬ可能性がある，

にもかかわらず，いまこうして存在している。そのことを自覚して生きていく。

存在の意味は時間性であり，こうした時間性が存在の真理として開示される。すなわち，一人ひとりに世界が与えられている（存在している）ことの真なる姿（真理）とは「いま，こうして，この私に世界が与えられていることが稀有なことであり，それが故に，有り難さを感じ，自分のかけがえのなさを感じること」3) である。このようにいま在ることを理解することが「存在の真理」である。

（2）他者の真理（「語り」（証し）としての真理）

他者というテーマについて探究したのがレヴィナスである。レヴィナス（Lévinas, Emmanuel）は私の世界の中の登場人物に格下げされた他者ではなく，私とは異なる世界を生きている他者そのものとの出会いと関係を探究した。そして，倫理（責任）という関係に「この世界に他者が存在することの真なる姿（真理）」を見出した。それは，他者が顔を通して示す拒否，審問（問い質し），呼びかけに，「私はここにいます」と語り対応する関係である（Lévinas＝2010，109-111，134）。

他者の顔が示す拒否，審問（問い質し），呼びかけに気づき，それに応えている時，私は真なる他者（私とは異なる世界を生きている存在）に出会う。こうした真なる他者との出会いを証言するのが「『語り』（証し）としての真理」である。

3．意味的存在としての社会福祉

（1）意味を表現する概念と命題

ある対象は「〜として」理解される。この「〜として」が対象の意味である。例えば，大きさや形が違っても，同一直線上にない3点と，それを結ぶ3つの線分からなる形は「三角形として」（ある対象が三角形という意味をもって）理解される。通常，「〜として」の「〜」は言葉によって表現される。この言

葉が概念である。対象の意味は概念によって表現される。言い換えれば，ある概念はある対象の意味を表現している。社会福祉という概念は，ある対象が「社会福祉として」（意味をもって）理解されていることを表現している。

社会福祉という対象を表現するのは概念だけではなく命題もある。命題とは真偽の検証ができる文である。学問は概念と命題を用いることで，対象の真なる意味を探究する。

(2) 意味的存在としての社会福祉

何らかの理由で生活することが困難な状態，あるいは，本来保障すべき状態と現在の状態を比較した時に，欠けているものや状態がある。社会福祉学においては，こうした状態（対象）の意味が「ニーズとして」理解される。また，ニーズを充足するものの意味が「資源として」理解される。このほか，日常の言葉でいえば「困っている人を助ける」あるいは「その人が暮らしていけるように支援する」といった営みの意味が，「社会福祉とは，ニーズと資源を結びつけることで，ニーズの充足を図ることである」という命題によって理解される。

社会福祉学において社会福祉という営みは，様々な概念（言葉）を用いることで，ある対象を「〜として」（意味をもったものとして）理解される。

4．根源にある真理によって理解・創造される社会福祉という対象

(1) 根源的視点と社会福祉固有の視点の違い

根源的視点（超越論的視点）によって社会福祉学の根源にある真理が見出される。そして，その真理によって社会福祉という対象が理解され，また，創造される。先行研究において同様の視点を見出しているのが岡村重夫である。

岡村は社会福祉固有の視点を見出し，それを次のように説明している。

「元来，生活問題ないしその対象は，単なる所与ではない。それは認識主体によって構成されるものである。もし認識の原理がなければ，そこにあ

第4章 社会福祉学の対象となる研究領域

るものは混沌たる無規定の社会現象の堆積でしかない。目がなければ物は見えない。一定の認識の原理があればこそ，そこに一定の意味を発見することができるのである。社会福祉の基本的視点とは，漠然たる生活問題の中から社会福祉問題すなわち社会福祉固有の対象領域を発見し，構成するための原理である。

　それは，既成のいわゆる『社会福祉制度』とか『社会福祉諸法』をなんの反省もなく，そのまま社会福祉の実態であると思いこんで，それを研究や批判の対象とする，いわば経験主義の認識方法とはまったく異なるものであり，いわばその意味では先験的な認識方法である」（岡村　1983：68-69）

　本章における根源的視点にしても，岡村の社会福祉固有な視点にしても，経験主義の認識方法とは異なる「対象認識の原理」（超越論的視点）という点では共通している。しかし，社会福祉固有な視点が先験的な認識方法であるのに対して，根源的視点は超越論的な認識方法である点が異なっている。また，社会福祉固有な視点は，生活問題といった「社会福祉の対象」を見出す視点であるのに対して，根源的視点は「社会福祉という対象」を見出す視点である，という点も異なっている。

（2）根源にある真理によって理解・創造される社会福祉という対象

　経験主義的な認識をもたらす視点から，根源的視点へと還元（視点の引き戻し）した時，社会福祉学の根源にある真理を見出すことができた。このうち，他者の真理（「語り」（証し）としての真理）に気づいた人は，他者の呼びかけに応えることは善いことを実感する。それが故に，その人たちは，家族や知人，市場や社会政策などでは対応されていないニーズ（人として暮らしていく上で必要なこと）があることに気づく。また，そうしたニーズに応えている営みが，歴史や社会の中で反復して存在していることに気づく。そして，そうした反復の中で確認される同一性を「社会福祉」の意味として理解する。このように，

社会福祉学の根源における真理によって，歴史や社会の中に社会福祉と呼ばれるような固有な秩序（コミュニケーション）があることが見出される（理解される）。
　しかし，社会福祉学の根源における真理の働きはこれだけではない。存在の真理（開示性としての真理）に気づいた人は，いまこうして世界が与えられていることの有り難さやかけがえのなさを実感し，人一人ひとりを大切に思う。また，他者の真理（「語り」（証し）としての真理）に気づいた人は，他者の呼びかけに応えようとする。このように，社会福祉学の根源にある真理は，社会福祉という対象を見出す（理解する）だけでなく，社会福祉という営みを生み出す（創造する）のである。すなわち，社会福祉学の根源にある真理は，認識（理解）の原理であるだけでなく，社会福祉という営み自体を生み出す実践の原理でもある。

V　生活者と観察者の視点

　根源的視点（超越論的視点）により社会福祉という対象が見出される。その対象は意味的存在であるという基本的な特性をもっている。この社会福祉という対象は，生活者の視点と観察者の視点を設定することにより，社会福祉という対象が有するリアリティと全体像を理解することができる。やや比喩的にいえば，生活者の視点とは社会福祉を内側から捉えた視点であり，一方，観察者の視点とは社会福祉を外側から捉えた視点である。

1．生活者（当事者）の視点

　生活者（当事者）の視点とは，日常生活や社会生活をし，そこで様々な経験を積み重ねている人の視点である[4]。その視点から見える世界には喜怒哀楽があり，正しい知識や判断もあれば誤った知識や判断もある。この世界は自然的態度に基づくものであり，そこには様々な思い込みや囚われもある。決して，

存在や他者という事象そのものに気づいた真なる世界ではない。しかし，この世界こそが一人ひとりが現に生きている世界であり，生活世界と呼ぶべき世界の1つの現れである。この生活世界において，ある人は"人を人とも思わない扱い"を受け，ある子どもは虐待の中で亡くなっている。

社会福祉学を構想するのであれば，こうした生活者（当事者）の視点をもたなければならない。なぜなら，こここそが社会福祉学を構成する根本的な要素であり，社会福祉学探究の出発点になるからである。社会の構造的矛盾や不正義による苦しみ・悔しさが立ち現れるのは，こうした生活世界においてなのである。また，そうした状況の人に対して「何とかできないか」と思ったり，その状況に憤りを感じたりするのもこの生活世界である。それだけではない。社会福祉という営みがあるにもかかわらず，その営みが知られていないのも，この生活世界なのである。

社会福祉学は，生活者（当事者）の視点に立ち現れている生活世界を出発点にしながらも，一方では，超越論的視点へと還元することで，もう一方では観察者の視点を設定することで，社会福祉という営みに対する真なる認識（真理）を探究する。

2．観察者の視点

観察者の視点とは，社会福祉という営みを対象化する外部の視点である。この視点をもつことにより，生活世界で経験する生活困難を生み出している原因や社会福祉の全体像を理解することが可能となる。

観察者の視点に立つと，社会福祉の全体像を理解するためには次の3つの水準が必要となることが分かる[5]。1つめは，社会全体の水準である。これは少子高齢社会やリスク社会という社会全体の中で，社会福祉の在り方を考察する水準である。2つめは，社会のサブシステム（諸領域）の水準である。これは，政治・経済・文化と社会福祉の関係，あるいは，家庭，市場，社会政策と社会福祉の関係といった社会のサブシステム（諸領域）との関係性において，社会

福祉の在り方を考察する水準である。そして3つめは，社会福祉自体の水準である。これは，社会福祉の対象，主体，目的，方法といった社会福祉の構成要素が，ミクロ・メゾ・マクロのそれぞれの次元でどのようになっているのかという，社会福祉内部の在り方を考察する水準である。

Ⅵ 社会福祉という対象

1．3つの視点によって理解される社会福祉という対象

　根源的視点（超越論的視点）から見出される社会福祉学における根源的真理により，社会福祉とそうでない営みが分別され，社会福祉という対象が見出されると同時に，創造される。また，社会福祉という対象が意味的存在として理解される。さらに，生活者の視点と観察者の視点を設定することにより，社会福祉という対象が有するリアリティと全体像が理解される。
　根源的視点，生活者の視点，そして観察者の視点は，歴史と社会の中にある社会福祉という固有の関係性を，意味的存在として見出し，その意味を浮き彫りにする。

2．社会福祉学における根源的真理と社会福祉という対象における真理

　社会福祉学における根源的真理は，私たちが現に生きて暮らしている世界の本来的な在り方への気づきや，他者そのものとの出会いを可能にする。社会福祉という対象は，この根源的真理によって見出される。これは第3章で述べた主体的真理であり，私と他者との「間」で作動している超越論的次元を根拠にしつつ，一人ひとりが現に生きている世界において経験される真理である。
　これに対して，社会福祉という対象には論理的真理，経験的真理，そして，価値・規範における真理という，3つの真理がある。まず論理的真理は，言葉の意味の規定（定義）や論理によって真偽の検証が可能な文（論理的命題）に

より表現される。ここにおいては，規約や論理が根拠となり，ある論理的命題の真偽が決定する。次に経験的真理は，観察によって真偽の検証が可能な文（事実命題）により表現される。ここにおいては，観察される事実（事柄）が根拠となり，ある事実命題の真偽が決定する。この2つの真理は，論理や事実という客観的なものを根拠にしているという意味では，第3章で述べた客体的真理である。

そして最後に，価値・規範における真理は，合意によって真偽の検証が確認される文（価値命題）により表現される。ここにおいては，人びとの合意が根拠になり，ある価値命題の真偽が決定する。この真理は，私と他者との「間」における会話や対話を根拠にしているという意味では，第3章で述べた主体的真理の1つといえる。

3．社会福祉という対象のカテゴリー

私たちは，ある認識枠組みをもって対象を認識している。この認識枠組みの中で，最も基礎的な概念をカテゴリーという。カテゴリーはある対象を認識する上で，最も基礎になる概念である。

世界を構成する根本的カテゴリーに時間と空間がある。世界（これは"考えられるもの，経験し得るものすべて"という意味である）を舞台とする社会福祉も時間と空間の中で営まれる。そして，時間と空間を根本的カテゴリーとした上で，それぞれには次のようなカテゴリーがある。私たちはこうしたカテゴリーを認識枠組みとして社会福祉という対象を認識する。

（1）時間的カテゴリー

❶現状の実態：事実認識

時空間というカテゴリーの原点にあるのが，「現状の実態」というカテゴリーである。これは現在，日本にある社会福祉の実態である。この実態はさらに，

規模（マクロ：政策レベル，メゾ：経営レベル，ミクロ：実践レベル），主体（政府，民間など），対象（低所得，児童家庭，障がい，高齢，ひとり親家庭など），目的，方法という下位のカテゴリーによって認識される。

❷歴史：事実認識

いまある社会福祉の実態は，突然現れた訳ではない。社会福祉という対象は，支援（支え合い）という点では同じでありながらも，様々な形態をとって現在に至っている。こうした，現在に至る社会福祉の系譜が「歴史」というカテゴリーである。社会福祉という対象は現在だけに限定されている訳ではない。

❸将来像：事実認識

社会福祉学には将来を予測する力が求められる。社会福祉の歴史を振り返り，いまの社会福祉の在り方，海外の社会福祉の在り方，そして，予想される将来の社会の状態，これらを総合した中で，将来における社会福祉の在り方を指し示す領域が，「将来像」というカテゴリーである。

この研究領域によって示される社会福祉の将来像は，その実現を目指すべき「指針」という位置づけをもつ。こうした将来像に関する知識は，将来において事実として確認（認識）される。

（2）空間的カテゴリー

❶現状の実態：事実認識

空間的カテゴリーと時間的カテゴリーの「現状の実態」は同一の事態を指す。先にその内容は記述したので，ここでは省略する。

❷原因や根拠：事実認識

生活困難の原因や社会福祉の根拠（支援する理由）が「原因や根拠」のカテゴリーである。このカテゴリーにおける認識は，原因や根拠を推測し，それを

検証することで事実として認識される。

❸目標・理念：価値認識

　社会福祉という営みは，生活困難という状態（対象）を事実として認識しているだけではない。その状態を「望ましくない」と認識・判断し，現状とは異なる「望ましい」状態を目標として設定する。あるいは社会福祉には，本来あるべき姿といった理念があり，その理念から現状を見た時に「望ましくない」と認識・判断する場合もある。こうした「望ましい」と考える状態や本来あるべき姿が「目標・理念」というカテゴリーである。

　このカテゴリーにおける認識は，話し合い（対話）により検討され，合意されることで価値として認識される。

❹海外の実態：事実認識

　海外における社会福祉の実態が「海外の実態」というカテゴリーである。社会福祉という営みには，「現状の実態」というカテゴリーによって認識される社会福祉の実態を，どういう方向に創造していけばいいのかという課題（将来像の検討）が常にある。この課題について考えるためには，一方では「歴史」の中で明らかになった事実を踏まえつつ，もう一方では，「海外の実態」の中で明らかになった事実を参考にすることが必要となる。

Ⅶ　社会福祉学の研究領域

　社会福祉の対象は生活問題（生活困難）である。これに対して，社会福祉学の対象は社会福祉である。本章では，社会福祉という対象は，根源的視点（超越論的視点），生活者の視点，観察者の視点という3つの視点から理解されるという考えを提示し，説明してきた。この3つの視点から，社会福祉学の研究領域として次の4領域が導かれる。

1．社会福祉学原論

　根源的視点（超越論的視点）から導かれるのが社会福祉学原論である。社会福祉学の研究領域には2つの原論がある。1つは社会福祉原論である。これは，社会福祉という営み（政策や活動）の原理や本質が研究対象となる。もう1つは社会福祉学原論である。これは，社会福祉学という学知が対象となる。
　カントは「私は，対象に関する認識ではなくてむしろ我々が一般に対象を認識する仕方——それがア・プリオリに可能である限り，——に関する一切の認識を先験的（Transzendental）と名づける（強調は原文）」（Kant＝1961：79）と述べ，Transzendentalという研究領域を切り拓いた。Transzendentalは，その後の翻訳にも示されている通り——例えば，原訳（Kant＝2005：132），中山訳（Kant＝2010：57）——，超越論的と訳されるべき概念である。
　社会福祉学原論は，社会福祉という対象に関する認識ではなく，対象を認識する仕方を問い解明する。この意味で，社会福祉学原論は超越論的な次元における研究である。それが故に，社会福祉学原論の研究は福祉哲学に基づくことになる。本書『福祉哲学に基づく社会福祉学の構想——社会福祉学原論』は，こうした社会福祉学原論を基盤にした社会福祉学の構想を提示したものであり，本書各章の論文が，社会福祉学原論の内容となっている。それを簡単に示せば以下の通りである。

（1）社会福祉学を構築する言語

　私たちの認識や思考をもたらしているものは言語である。それ故，言語の超越論的機能の考察を通して，どのような言語によって社会福祉学が構築されるのかを明らかにしているのが第1章である。

（2）社会福祉学の正当化

　社会福祉学は真理を根拠に，社会福祉の政策や実践，あるいは教育の在り方を明示する。この時，どのような仕組みや働きによって，ある主張が真である

第4章　社会福祉学の対象となる研究領域

といえるのか，その正当化の仕組みを明らかにしているのが第2章である。

（3）社会福祉学における真理
　社会福祉学は社会福祉に関する真なる認識（真理）を探究する。そして，それを根拠にして様々な主張を行う。しかし，そもそも真理とは何であり，その内容はどのようなものなのか。この問いについて考察し，社会福祉学における真理，特に，その根源にある真理を明らかにしているのが第3章である。

（4）社会福祉学の対象
　学問には，その学問が探究する領域（対象）と，その領域における真なる認識（真理）を探究する方法がある。このうち，社会福祉学の対象を確定し，その対象の性質を明らかにするとともに，どのような研究領域があるのかを整理し示しているのが，本章（第4章）である。

（5）社会福祉学の方法
　超越論的視点，生活者の視点，観察者の視点といった複数の視点から見出される社会福祉学の対象は，様々な次元や領域から成り立っている。それらの次元や領域における真なる認識をもたらすためには，その対象に即した方法が必要とされる。そうした方法を明らかにしているのが第5章である。
　ここまでが，社会福祉学の学問的基盤の解明を課題とする本書の内容である。しかしながら，社会福祉学原論にはもう1つ大きな課題がある。それは社会福祉学の体系化である。

（6）社会福祉学の体系化
　学知とは体系化された知識である。では，体系とはどのような意味なのか。体系とは，「幾つかの原理によって組織された知識の統一的な全体」（粟田・古在編　1979：144）を意味する。この説明にある通り，体系には部分を秩序づける原理がある（山崎　1998：1007）。本書におけるこれまでの考察によれば，そ

の原理はロゴスである。

　社会福祉学原論はダーバールを根源に置く。社会福祉学は本章（第4章）で明らかにした研究領域（対象）に対して，第5章で示している方法を用いて，社会福祉に関する真理を明らかにしていく。そして，そうして見出された真理を，ロゴス（論理）という規則を用いることで体系化していく。

　要約すれば，社会福祉学は，本書で示した社会福祉学原論の内容（学問的基盤）→社会福祉学の研究と，その研究によってもたらされる真なる認識→ロゴス（論理）による体系化（ここは再び社会福祉学原論の課題）という段階を経て体系化される。

2．生活世界論

　生活者の視点から導かれるのが生活世界論である。これは，一人ひとりに立ち現れている生活世界の意味を理解（解釈）する。そうすることで，普段は隠れ，分かり難くなっている，「一人ひとりのかけがえのなさ」や「心に響くが故に支援へと駆り立てる言葉」が露わになる。その研究領域は次の通りである。

（1）社会福祉を体験している（体験した）人の生活世界

❶生活困難な人の生活世界

　要介護状態，児童虐待，いじめ，高次脳機能障害，ホームレス，多重債務，低所得など，人として暮らしていくことが困難になっている人の体験を理解（解釈）する。

❷生活困難に対応している人の生活世界

　介護者，ボランティア，有給の支援者など，人として暮らしていくことが困難になっている人に対応している人の体験を理解（解釈）する。

（２）社会福祉と関わっていない人の生活世界

❶社会福祉に関心・肯定的な人の生活世界

　まだ社会福祉という営みを体験したことはないが，社会福祉に対して関心があったり，肯定的な見解をもっていたりする人の生活世界を理解（解釈）する。

❷社会福祉に無関心な人の生活世界

　まだ社会福祉という営みを体験したことがなく，社会福祉に無関心な人の生活世界を理解（解釈）する。

❸社会福祉に否定的な人の生活世界

　まだ社会福祉という営みを体験したことがなく，社会福祉に否定的な考えをもっている人の生活世界を理解（解釈）する。

　社会福祉から離れた観察者の視点に立った時，一人ひとりの人は個人として，まるで点のように描かれ，それら個人間の関係性や，個人と家族や地域，あるいは社会といった集団との関係性が問われ，解明される。しかし，観察者から生活者へと視点を移してみると，違った風景（世界）が見えてくる。それは，一人ひとりの喜怒哀楽に彩られた世界である。生活者の視点に立つと，社会福祉は，無数のそうした世界が織り成される中で展開している営みであることが分かる。
　学問は，対象を正確に記述説明しなければならない。そのため，誤解を生む可能性がある日常的な言葉ではなく，明確に概念規定した専門用語や記号を用いる。しかし，そうすることで学問は抽象化／理念化され，一人ひとりが生きている現実から離れてしまう。そうした働きに抗し，社会福祉学と一人ひとりが生きている現実をつなぎとめるのが生活世界論という研究領域である。

3．領域論

観察者の視点から導かれるのが領域論である。これは，社会福祉に関する仕組みや規則性，力（権力）を分析・解明する。その研究領域は次の通りである。

（1）事実認識に関する領域
ここはまず，社会福祉という現象（状態）を記述し，次いで，そこで記述された現象（状態）の因果関係などを説明する。

❶社会福祉という現象を記述する研究領域
- 対象論：どのような状態や人たちが社会福祉の対象なのかを記述する。
- 主体論：何が社会福祉の対象に働きかける主体なのかを記述する。
- 目的論：社会福祉は何を目的として営まれているのかを記述する。
- 方法論：目的を実現するために，どのような仕組みや方法が用いられているのかを記述する。

❷社会福祉という現象を説明する研究領域
- 原因を推測する研究：
社会福祉が対応する生活問題や，社会福祉という営みが生じる原因を探究し説明する。
- 外部との関係性を記述説明する研究：
  ①社会と社会福祉の関係
  ②政治・経済・文化と社会福祉の関係
  ③家庭・地域，市場，政府と社会福祉の関係
  ④社会政策と社会福祉の関係
- 歴史・国際比較・将来像について記述説明する研究：
  ①歴史に関する研究
  ②国際比較の研究

③将来像の研究

（2）存在理由と目的（価値や規範）の認識に関する領域
● 存在理由：社会の中に社会福祉が存在する理由（根拠）を明らかにする。
● 目的：社会福祉が目指すべき状態や価値を明らかにする。

（3）方法（目的を実現するために有効な手段）に関する領域
　有効な政策（マクロレベル），有効な組織経営（メゾレベル），有効な実践（ミクロレベル），有効な運動，それぞれについて明らかにする。

（4）評価に関する領域
　マクロ，メゾ，ミクロ，そして運動に関する方法が有効であったのか否かを評価する。また，そうした評価を可能にする評価方法を明らかにする。

　生活世界論が，一人ひとりが生きている現実世界の記述説明をするのに対して，この領域論は，そうした世界と世界の間にある規則性を解明する。生活世界論においては，一人ひとりの生活世界が現実感をもって明らかにされる。しかし，生活世界論だけでは，なぜ，そこで経験されている現実がもたらされるのか，どうすればいいのか，といった課題について，適切な答えを見出すことは難しい。こうした課題の解明を行うのが領域論である。
　社会福祉学原論や生活世界論によって明らかにされる知が，社会福祉学における基盤となる知識であるのに対して，領域論によって明らかにされる知識は，社会福祉学において明らかにすることが求められている中核的な知識である。その意味でいえば，領域論の研究成果が，社会福祉学という体系化された知識を豊かにしていく。

4．社会福祉原論

　社会福祉原論は，社会福祉学原論，生活世界論，領域論の研究成果を踏まえ，社会福祉という対象の原理，本質および体系を探究する。

（1）原理
　「原理にあたるギリシア語のアルケーは〈始まり〉〈根源〉の意で，その訳語としてできた西欧語のprinciple等は他のものがそれに依存する本源的なもの，世界の根源，ある領域の物事の根本要素という意味をも含んでいる」（粟田・古在編 1979：73）。ここから，社会福祉の原理とは，社会福祉という営みの最も根源にあるものを意味する。よって，社会福祉原論は，社会福祉という営みの最も根源にあるものを，最も根源的な地点から問い考え，明らかにする。

（2）本質
　本質とは「物・事がそれ自体として本来何であるか，を規定し与える根本の自己同一な固有性」（山本 1998：1506）を意味する。ここから，社会福祉の本質とは，社会福祉とは本来何であるか，それを規定し与えている根本の自己同一な固有性を意味する。言い換えれば，社会福祉の本質とは社会福祉の本来的な特質であり，社会福祉固有の性質を意味する。よって，社会福祉原論は，社会福祉という営みの本来的な特質，固有な性質を問い考え，明らかにする。

（3）体系
　社会福祉学という知識を体系的に示すのは，社会福祉学原論の課題である。これに対して，社会福祉という営みを体系的に示すのが，社会福祉原論の課題である。先に確認した通り，体系には部分を秩序づける原理がある。それ故，この課題に取り組む際に最大の論点となるのが，体系を秩序づける「原理」は何であるのか，という点である。
　この原理とは，社会福祉という固有の秩序を生み出す原理であると同時に，

社会福祉を社会福祉たらしめている本質でもある。筆者の考えでは，それはダーバールとロゴスであり，具体的にいえば，倫理→正義→法と「どうにかできないかという気持ち」→制度や行為（実践）という体系である。社会福祉原論は，こうした体系を問い考え，明らかにする。

社会福祉学は社会福祉という対象に関する真理を探究し，最終的には，対象である社会福祉の原理，本質，体系を明らかにする。このことを踏まえていうならば，社会福祉原論は，社会福祉学における最終的な研究成果が示される領域である。

Ⅷ　おわりに

本章の考察を踏まえるならば，社会福祉原論と呼ばれる先行研究は，上記の領域論および社会福祉原論の研究と位置づけることができる。しかし，社会福祉学を学問として成り立たせるためには社会福祉学原論が不可欠であり，また，社会福祉学にリアリティをもたせるためには生活世界論が必要である。すなわち，社会福祉学が成り立つためには，その研究対象として，社会福祉学原論，生活世界論，領域論，そして社会福祉原論が必要なのである。以上が本研究によって得られた新たな知見である。

この研究に次いで求められることは，これら研究領域（対象）における真理を明らかにする方法の探究である。対象と方法を確定することで初めて社会福祉学という1つの学問は成立する。よって次の章では，その方法の考察（探究）へと研究を進めていく。

[注]
1）私と他者の在り方の根本的な違いは永井（1991：207-208，215-216）より学んだ。
2）過去（被投性）と将来（先駆性／企投性）は貫（2007：67-77）を参考にした。
3）こうした理解は古東（1992：167-186，2002：180-192）に依拠している。ただし，

感謝という観点は筆者が付け加えた解釈である。
4）生活者（当事者）の視点を，市民という言葉で捉えたのが小倉（1983）である。小倉は歴史／社会という文脈の中で市民を捉え，その市民の視点から社会福祉を問うている。そこには，巷で生きる人々の苦しみ・諦め・願いがあり，そこから生まれる「抵抗」の思想がある。
5）以下で述べる3つの水準を踏まえ，領域論において最も体系的な研究成果を示しているのが古川（2005）である。

[文献]
粟田賢三・古在由重編（1979）『岩波哲学小辞典』岩波書店.
Crossley, N.（1996）*Intersubjectivity : The Fabric of Social Becoming*, London：Sage.（＝2003，西原和久訳『間主観性と公共性——社会生成の現場』新泉社）.
古川孝順（2005）『社会福祉原論〔第2版〕』誠信書房.
Heidegger, M.（1927）*Sein und Zeit*, 1．Aufl.（＝2013，熊野純彦訳『存在と時間（一）』岩波書店）.
本田哲郎（2010）『聖書を発見する』岩波書店.
Husserl, E.（1950）*Ideen zu einer reinen Phänomenologie und Phänomenologischen Philosophie, Erstes Buch, Allgemeine Einführung in die reine Phänomenologie.* Neue, auf Grund der handschriftlichen Zusätze des Verfassers erweiterte Auflage, hrsg. von Walter Biemel, Martinus Nijhoff. Den Haag.（＝1984，渡辺二郎訳『イデーン Ⅰ-Ⅱ 純粋現象学と現象学的哲学のための諸構想 第1巻 純粋現象学への全般的序論』みすず書房）.
Husserl, E.（1977）Philosophische Bibliothek Bd. 291, Edmund Husserl, *Cartesianische Meditationen. Eine Einleitung in die Phänomenologie, Herausgegeben,* eingeleitet, und mit Registern versehen von Elisabeth Ströker, Felix Meiner.（＝2001，浜渦辰二訳『デカルト的省察』岩波書店）.
Kant, I（1787）*Immanuel Kants Werke*. Herausgegeben von Ernst Cassirer. Band Ⅲ. *Kritik der reinen Vernunft,* Herausgegeben von Albert Görland. 1922.（＝1961，篠田英雄訳『純粋理性批判 上』岩波書店）.
Kant, I（1787）Immanuel Kants. *Sämtliche Werke*. Herausgegeben von Karl Vorländer. Band Ⅰ（Der Philosophischen Bibliotek Band 37a）. *Kritik der reinen Vernunft,* Nach der 1．und 2．Original-Ausgabe. Neu Herausgegeben von Raymund Schmidt. 1926.（＝2005，原 祐訳『純粋理性批判 上』平凡社）.
Kant, I（1787）Kants Werke, Akademie Textausgabe, Ⅲ, *Kritik der reinen Vernunft,* 2．Auflage, Walter de Gruyter & Co.（＝2010，中山 元訳『純粋理性批判 1』光文社）.
古東哲明（1992）『〈在る〉ことの不思議』勁草書房.
古東哲明（2002）『ハイデガー＝存在神秘の哲学』講談社.

Lévinas, E.（1982）*Éthique et infini, Dialogues avec Philippe Nemo*, Fayard.（＝2010，西山雄二訳『倫理と無限――フィリップ・ネモとの対話』筑摩書房）.
Luhmann, N.（1984）*Soziale Systeme: Grundriß einer allgemeinen Theorie*, Suhrkamp Verlag Frankfurt am Main.（＝1993，佐藤 勉監訳，村中知子・村田裕志・佐久間政広・ほか訳『社会システム論（上）』恒星社厚生閣）.
永井 均（1991）『〈魂〉に対する態度』勁草書房.
西原和久（2010）『間主観性の社会学理論――国家を超える社会の可能性〔1〕』新泉社.
野家啓一（1998）「真理」廣松 渉・子安宣邦・三島憲一・ほか編『岩波哲学・思想事典』岩波書店，848-849.
貫 成人（2007）『ハイデガー――すべてのものに贈られること：存在論』青灯社.
小倉襄二（1983）『市民福祉の政策と思想――参加と計画』世界思想社.
小倉襄二（1996）『福祉の深層――社会問題研究からのメッセージ』法律文化社.
岡村重夫（1983）『社会福祉原論』全国社会福祉協議会.
大澤真幸（2012-a）「社会」大澤真幸・吉見俊哉・鷲田清一編『現代社会学事典』弘文堂，559-562.
大澤真幸（2012-b）「社会学史」大澤真幸・吉見俊哉・鷲田清一編『現代社会学事典』弘文堂，573-577.
大澤真幸（2012-c）「意味」大澤真幸・吉見俊哉・鷲田清一編『現代社会学事典』弘文堂，69-71.
Schütz, A（1932）*Der Sinnhafte Aufbau der Sozialen Welt――Eine Einleitung in die verstehende Soziologie*, Wien, Springer-Verl.（＝1982，佐藤嘉一訳『社会的世界の意味構成――ヴェーバー社会学の現象学的分析』木鐸社）.
盛山和夫（1995）『制度論の構図』創文社.
山本 巍（1998）「本質」廣松 渉・子安宣邦・三島憲一・ほか編『岩波哲学・思想事典』岩波書店，1506-1507.
山崎庸佑（1998）「体系」廣松 渉・子安宣邦・三島憲一・ほか編『岩波哲学・思想事典』岩波書店，1007.

第 5 章
社会福祉学の方法
――社会福祉の全体像を解明する方法の仮説

I　はじめに

　学問には対象と方法がある。そして，対象によって方法が違ってくる。例えば，自然と社会では対象の性質が異なるため，同じ科学という方法を用いても，自然科学と社会科学の在り方に違いが生じる。では，社会福祉という対象に応じた研究方法とはどのようなものなのだろうか。2000年以降，久田編(2003)『社会福祉の研究入門』，岩田・小林・中谷ほか編（2006）『社会福祉研究法』，北川・佐藤編（2010）『ソーシャルワークの研究方法』など，社会福祉やソーシャルワークの研究方法に関する文献が出版され，社会福祉学の研究方法が示されるようになってきた。そこでは社会福祉という対象を踏まえた，様々な研究方法が紹介されている。しかし，疑問ないし課題を2点指摘することができる。1つは，研究方法は科学だけでなく哲学もあるのではないだろうか，という点である。もう1つは，社会福祉における様々な領域（部分）ではなく，多様な領域／要素からなる社会福祉の全体像を体系的に解明する方法を示せていない，という点である。

　こうした問題意識に基づき，社会福祉の全体像を体系的に解明する方法の仮説提示と，社会福祉学の方法の固有性を示すことが本章の目的である。まず，先行研究から継承すべき点を確認する。次に，社会福祉の全体像を体系的に解明できる方法の仮説を提示し，その仮説の内容を説明する。続けて，領域に応じた研究方法について説明する。最後に，社会福祉学の方法の固有性を述べた後に，社会福祉学の方法によって明らかにされる社会福祉と社会福祉学の全体像を提示する。

Ⅱ　先行研究の継承と課題

1．継承

　社会福祉の方法と社会福祉学の方法は異なる。前者はソーシャルワークや介護などの実践の方法，社会福祉の実施機関や施設の経営の方法，社会福祉政策の方法などである。これに対して後者は，社会福祉という対象を認識したり理解したりする方法である。こうした，社会福祉学における方法論の固有性を指摘しているのが岡村である。
　岡村は認識方法を説明するにあたって「視点」に着目する。そして次のように述べる。

> 「『社会福祉固有の視点』は，社会福祉に固有の問題を弁別し，かつ固有の援助の内容を説明する原理となるばかりでなく，生活問題の合理的な解決のためにも，この視点が不可欠なものである」（岡村 1983：70）

　岡村は，まず，社会福祉学における対象認識には，生活問題の合理的な解決という視点・関心があることを指摘する。こうした視点は古川孝順にも受け継がれており，古川は次のように述べている。

> 「社会福祉学の方法論の固有性は，取りも直さず，人びとの社会的な営みとしての生活とそこに生まれてくる多様な生活問題，さらには，そのような生活課題を解決緩和して人びとの自立的生活の回復，維持，向上を図ることを課題とする社会的な方策施設や援助活動のあり方に着目し，……中略……社会福祉実践の指針となるような一定の知識と技術の体系を引き出していく，その過程にあるといえよう」（古川 1994：9）

ハーバーマス（Habermas, Jürgen）が「認識関心」（Erkenntnisinteresse）あるいは「認識を導く関心」（das erkenntnisleitendes Interesse）という概念を導入し指摘しているように（Habermas＝2000：178），学問は認識主体のもつ関心に基づいて認識される。岡村や古川がいうように社会福祉学は「問題を解決するという実践的な関心」が認識を導く。そして，そうした関心のもと，社会福祉という対象の認識を可能にする視点が設定される。

2．課題

（1）哲学の必要性

　社会福祉の営みの中では，「人間らしい暮らし」からかけ離れた状況の人と出会う。また，近代社会が想定する「自立した個人」とは異なる，支援を必要とする人と出会う。私たちはその出会いと関わりの中で，慣れ親しんでいる価値観や人間理解に違和感を覚える。そして，人間や社会あるいは価値観について，その根源から問うこと，言い換えれば，哲学することを促される。
　学問の対象は自ずと，その対象を探究する方法に影響を与える。先の経験が示すように，社会福祉という対象は人間や社会を，あるいは価値観を，その根源から問い考えるよう促す。それが故に，社会福祉学の方法には哲学が必要となる。

（2）全体像を体系的に理解する

　孝橋（1962）はマルクスの社会理論に基づき，嶋田（1980）はシステム理論を参考に，岡村（1956＝2001,1983）は独自の視点から，そして，最近では古川（2005）が社会福祉の全体像を体系的に記述説明することを試みている。このように，社会福祉の全体像を対象にした先行研究は，確かに存在する。しかしながら，そこではそれぞれ独自の視点と方法によって解明することに労力が使われ，社会福祉の全体像を体系的に解明する方法については論じられてこなかった。
　冒頭に掲げた文献によって，社会福祉という対象の個別領域における研究方法については論じられ始めている。また，社会福祉の全体像についての先行研

究もある。社会福祉学の研究において欠けているのは、社会福祉の全体像を解明する方法論である。この点を社会福祉学の方法における課題として指摘することができる。

Ⅲ　仮説の提示

　この節では「社会福祉の全体像を体系的に理解するための方法」に関する仮説を提示する。方法とは「広い意味では一定の目標に達するための道であり、……中略……哲学的な意味での方法とは客観的な真理に到達するためのもの」（粟田・古在編 1979：218）である。この定義を踏まえ、ここでは学問の方法を「真理に到達するための道（思考の手順）」と捉える。そして、社会福祉学の方法を、社会福祉という対象の真理を理解するために必要となる思考の手順、と捉える。

　以下では、こうした方法を述べていくことで、「社会福祉の全体像を体系的に理解するための方法」に関する仮説を提示する。

1．実践的関心をもつ

　社会福祉学の根底には実践的関心がある。それは他者への気遣いであり、困難な生活からの解放、人間らしい暮らしの回復などへの関心である。こうした実践的関心をもつことが社会福祉学の方法の出発点にある。

2．視るべきものを視て生活世界と出会う

（1）視るべきものを視る

　"視るべきものを視る"とは小倉襄二の言葉である。小倉は"視るべきもの"を、"人を人とも思わぬ状況"、"無念をのみこむ無数の状況"と表現する（小倉 1996：31-43）。"視る"とは底辺（視るべきもの）に向かい、そこにいる人

たちの状況に身を置くことを志すことである。すなわち，"視るべきものを視る"とは，底辺（社会で最も弱い立場に置かれている人々の所）に身を置き，そこに視点を据えて，そこから現実／世界を見直せというメッセージである。

"視るべきものを視る"という視点の移動をさらに進めて，社会福祉の本質理解を可能にする地点を示しているのが本田哲郎である。本田はその地点ないし視点を，聖書で使われているメタノイヤというギリシア語で示している。メタノイヤとは，底辺にいる人たちの側から，そして，その痛みや苦しみを感じられる地点から聖書を読み，社会を見直すことを意味する。

底辺（社会で最も弱い立場）にいる人たちの側に視点を移すことで，共感や怒りといった情動性をもった中で，何が社会福祉なのか，社会福祉は何でなければならないのかが見えてくる。社会福祉学は実践的関心に導かれているが故に，"視るべきもの"へ，さらにはメタノイヤという視点の移動が求められる。

（2）生活世界との出会い

生活世界とは「現実の知覚によって与えられ，そのつど経験され，また経験されうる世界」（Husserl＝1995：89）であり，「その世界のうちに目覚めつつ生きているわれわれにとって，いつもすでにそこにあり，あらかじめわれわれにとって存在し，理論的であれ理論以外であれ，すべての実践のための『基盤』となる」（Husserl＝1995：255）世界である。

この生活世界の傷つきやすさを理論構築の出発点に据えているのが，間主観性の社会学理論を提唱する西原和久である。西原は次のように述べている。

> 「身体は傷つきやすい（vulnerable）存在である。たんに傷つきやすさ（vulnerability）があるというより，傷つき，倒れ，そして死することへの恐怖こそ，生世界の基本にある事態ではないだろうか。そして，ここから議論を再構築すべきではないか」（西原 2010：166-167）

生活世界は傷つきやすい。そのような生活世界との出会いは自ずと問いを生

み，その問いについて考えることを促す。

3．根源を／根源から問い考える

（1）問い
　"視るべきもの"に身を置くと，そこで，呻き，体で表現される拒否，諦めの表情，「何でこんな目に遭わなければならないの」という疑問を「問いかけ」として聴く（感じる）。また，自分自身でも，「何でこんなにも著しい不平等が是正されないのだろう」「もしかしたら，自分がその状態だったかもしれない」といった思いや疑問をもつ。こうした問いかけが，あるいは，自分が感じた問いが，社会福祉学を根本から問い直すように促す。

（2）考える
　問いは，分からないことへの気づきである。私たちは「分からないこと」を分かろうとする。そのために，辞書で調べたり，現地に行ったりする。分からなかったことが分かった場合，そこには「考える」という営みは生じない。自分が見聞きしたこと（経験）や調べたこと（知識）では，まだ分からない時，そこに「考える」という営みが生まれる。
　「考える」とは，既存の経験や知識をもとに，分かりたいがまだ分からないことを明らかにしようとする営みである。この「考える」という営みにより，社会福祉学の最初の一歩が踏み出される。

4．視点を設定する

（1）実践的関心と生活者の視点
　社会福祉を理解（認識）するためにはどうすればいいのか，考える。この時，最初に要請されることが視点の設定である。岡村は認識および視点について次のように述べている。

「もし認識の原理がなければ，そこにあるものは混沌たる無規定の社会現象の堆積でしかない。目がなければ物は見えない。一定の認識の原理があればこそ，そこに一定の意味を発見することができるのである。社会福祉の基本的視点とは，漠然たる生活問題の中から社会福祉問題すなわち社会福祉固有の対象領域を発見し，構成するための原理である」（岡村 1983：68-69）

「ここで『社会福祉固有の視点』というのは，そこに立つことによって，いろいろの生活困難の中から，これこそが社会福祉問題であることを発見し，捉えることのできる基本的な視角ないし立地点とでもいうべきものである」（岡村 1983：68）

　岡村は実践的関心をもっている。それが故に，そこで設定される視点によって見出されるのは，社会福祉ではなく社会福祉の問題（社会福祉の対象）である。しかし，本章が課題としているのは社会福祉の問題（社会福祉の対象）ではなく，社会福祉（社会福祉という対象）である。すなわち，岡村と筆者では，視点を設定して認識対象を見出そうとする点は同じであるが，見出そうとしている対象が異なる。では，社会福祉（社会福祉という対象）は，どのような視点を設定すれば見出すことができるのだろうか。
　社会福祉学の根底には実践的関心がある。この関心に導かれて，視るべきものの中にいる人たち（困難な生活状況にいる人たち）と出会う。そして，その人たちが現に生きている生活世界の理解を可能にする当事者（生活者）の視点を設定しようとする。この視点をもつことにより，その人が被っている痛みや苦しみ，あるいは希望や喜びを理解することが可能となる。

（２）解放的関心と超越論的視点
　次に社会福祉学は，生活者（生活困難な当事者）との関わりの中から，既存の人間理解や人びとを抑圧する社会の仕組みに疑問をもつ。また，「エビデン

第5章　社会福祉学の方法

スに基づく実証的な科学こそが学問である」といった理解を自省しようとしない態度にも違和感を覚える。ここに解放的関心が芽生える。

　解放的関心とは，人びとを支配するイデオロギーと化した学問（技術・科学）を反省し，そうしたイデオロギーからの解放へと目（注意）を向けることを意味する（Habermas＝2000：81，91，99，105，182，188-189）。ここでいう「イデオロギーと化した学問」とは，自省することを忘れた実証主義的学問（Habermas＝1981：3）であり，技術至上主義の意識である。

　社会福祉学は実践的関心を出発点としながらも，学問としてみずからを形成する上で解放的関心をもつ。なぜなら，近代科学（学問）の要求により生まれる技術至上主義のイデオロギーは，確かに物質的な豊かさをもたらす一方で，人や物事を物象化し，コミュニケーション行為（対話）に基づく自己了解を妨げるからである（Habermas＝2000：81, 91）。また，科学を物神化するイデオロギーは特定階級の部分的な支配を正当化し，他の階級の部分的な解放の欲求を抑圧するからである（Habermas＝2000：99）

　社会福祉学にはこうした解放的関心がある。解放的関心はより根源的なところから考えることを促す。この促しに導かれ，現象学的還元を行うことで超越論的視点が見出される。そして，そこから人間や世界を根源から理解しようとする。すなわち，当事者（生活者）の視点に次いで，社会福祉学は超越論的視点が設定する。この視点をもつことにより，私たちが自覚することなく囚われている人間や世界に対する理解を反省することが可能となる。

（3）実践的／解放的関心と観察者の視点

　しかし，この2つの視点だけでは，生活困難を生み出している原因や，生活困難を改善・解決するための方法を見出すことはできない。これらのことを可能にする視点が，物事を対象化して眺める観察者の視点である。この視点をもつことにより，生活困難をもたらす原因や社会福祉という営みにある規則性，あるいは人びとを抑圧する力，そして，生活困難を改善・解決するための方法を見出すことが可能となる。

5．視点によって見出される研究領域（対象）

（1）知の性質
　自然科学と異なり社会科学は，対象の「意味」を記述しようとする。ここでいう「意味」とは次のような意味である。

> 「対象は，意識に対して，『なにものか』として現れる。この『なにものか』が，つまり対象が意識に対して現象するさいに帯びる同一性が，その対象の，意識主体にとっての『意味』である」（大澤　2012：69）。

　私たちはある対象を，意味をもったものとして認識する。この認識（知識）には，3つの種類の認識（知識）がある。それは，事実認識，価値認識，論理的認識である。事実認識は，ある対象を事実として認識することであり，価値認識は，ある対象を価値として認識することである。また，論理的認識とは，矛盾律のように「PかつPでない，ということはない」といった認識や，定義のように，ある言葉の意味を他の言葉によって表現する認識である。すなわち，意味の下位概念には事実，価値，論理がある。

（2）視点から見出される研究領域（対象）
　当事者（生活者）の視点からは生活世界が，超越論的視点からは超越論的領野が，そして，観察者の視点からは社会福祉というシステム（仕組みや活動）が，研究領域（対象）として見出される。このうち超越論的領野は，私たちが経験する世界を成り立たせている仕組みや働きの領域であり，その意味で超越論的次元といえる。これに対して生活世界は，超越論的次元と経験的次元を媒介する領域であり，社会福祉というシステム（仕組みや活動）は経験的次元の領域である。そして，超越論的次元においては，その仕組みや働きは事実として記述される事実認識，あるいは，論理として記述される論理的認識であるが，経験的次元においては，事実認識と論理的認識だけでなく価値認識もある。

6. 研究領域（対象）によって規定される研究方法

（1）対象（事象）に向き合う

　私たちは対象をありのままに認識している訳ではない。ある関心に基づき，母国語と経験（様々な教育を含む）に基づく認識枠組みをもって，私たちは対象を認識している。そこには様々な思い込みや偏ったものの見方がある。こうしたものから完全に自由になることはできない。このことを踏まえていうならば，ガダマー（Gadamer, Hans-Georg）がいうように先入見が対象理解の出発点（条件）となる（Gadamer＝2008：437）。ただし，先入見に囚われしたがっているだけでは，対象を正しく理解することはできない。フッサール（Husserl, Edmund）が「真の方法というものは探求される事象の本性に追随すべきであって，もとよりわれわれの偏見やお手本に追随するべきでは決してない」（Husserl＝1969：48）というように，対象を正しく理解する方法は，先入見や範例にしたがうのではなく，事象そのものに向き合い，その本性にしたがうことによって得られるのである。

（2）研究領域（対象）に応じた方法を設定する

　社会福祉学の研究領域には，超越論的次元と経験的次元という2つの次元がある。さらに，経験的次元においては，論理的認識を基盤としながらも，事実の領域と価値の領域とがある。対象を正しく理解するためには，それぞれの独自な在り方を考慮しなければならず，対応する次元・領野に応じた（適合した）方法論を設定しなければならない（Heidegger＝1985：57）。

　まず，超越論的次元において事象そのものが示していくものを記述しようとする方法が現象学である。これに対して，経験的次元における方法には，事実を明らかにする方法としては科学があり，価値について合意を得る方法には対話がある。このように，対象の在り方・性質に応じて，その対象を明らかにするのに適した方法が設定される。

7. 社会福祉学の方法は思想と理論をもたらす

友枝敏雄によれば,社会学の理論は,①領域仮説もしくは大前提,②概念構成および命題構成からなる純粋理論,③規範理論の3つの位相からなるという(友枝 2000:275-88)。ここでいう領域仮説もしくは大前提とは,ウェーバー(Weber, Max)が西欧近代社会を分析する際に用いた「近代社会と前近代社会は違う」といった前提や,ミクロ経済学が市場的交換を説明する際の根底に据える「経済的利得(効用・利潤)を最大にする規準と,他者の感情や態度にはいっさい配慮せず,またその影響を受けないとする『利己主義』の規準」などの仮説である。

この3つの位相を参考にすれば,社会福祉学における思想と理論について次のように考えることができる。社会福祉学がこれまで自明視してきたこと,例えば,世界という全体の中に私や他者がいるという世界観や,社会福祉学は社会科学であるという前提を問い考える営みが福祉哲学である。まず,福祉哲学によって得られた体系的な知識が福祉思想となる。次いで,これらの哲学と思想を基盤にして,社会科学という方法を用いて社会福祉理論が形成される。その上で(これら思想と純粋理論を参考にして),対話といった方法を用いることで社会福祉の規範理論が構築される。

8. 仮説の提示

以上の節1から7を踏まえて,社会福祉の全体像を体系的に解明する方法の仮説を提示する。

まず,基盤としてあるのが,実践的関心をもち,視るべきものを視ることによってもたらされる,困難な状況にいる人たち(の生活世界)との出会いである。また,そこで出会った人たちの立場に視点を移すことである(メタノイヤ)。この出会いの中から生まれる問いについて考えるところに社会福祉学は生まれる。こうした基盤を問い考える方法が福祉哲学である。

第5章　社会福祉学の方法

　次に，社会福祉の全体像を浮き彫りにするための視点を設定する。当事者（生活者）の視点を設定することにより，解放的関心が喚起され，現象学的還元を施すことで超越論的視点が見出される。さらには，社会福祉の全体像を観るために観察者の視点を設定する。こうした複数の視点を設定することにより，当事者（生活者）の視点からは生活世界が，超越論的視点からは超越論的領野が，観察者の視点からは社会福祉というシステム（仕組みや活動）が，それぞれ研究領域（対象）として見出される。

　続いて，見出された研究領域に応じた研究方法が設定される。超越論的領野（社会福祉学原論）を研究する方法は現象学，生活世界（生活世界論）を研究する方法は哲学的解釈学と質的研究，生活世界とシステムのうち事実に関する領域を研究する方法は社会科学，生活世界とシステムのうち価値に関する領域を研究する方法は対話である。

　これらの方法によって社会福祉の全体像は解明されていくが，そのうち，福祉哲学や現象学によってもたらされる知識は福祉思想，社会科学によってもたらされる知識は社会福祉理論，対話によってもたらされるものは規範理論となる。社会福祉についての体系化された真なる知識は，福祉思想，社会福祉理論，規範理論として表現されるのである。

　以上をまとめると，図4の社会福祉学における方法と社会福祉の全体像となる。なお，これらの方法の概略は次の通りである。

（1）福祉哲学

　視るべきものを視て，そこにいる人たちと関わると，そこにある問いに気づく。その問いに，この私が生きている世界，他者が生きている世界という根源にまで遡って考える営みが福祉哲学である。問い考える営みの中で，死を忘却した世界から死を意識した世界へ，また，私中心の世界から他者と共にある世界へ，関心の向け変えが起こる。その結果，世界の見方，他者に対する態度が変容する。

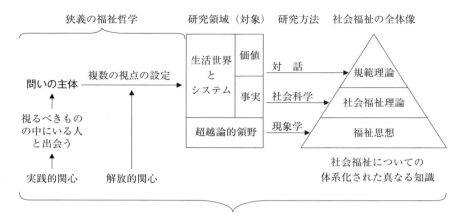

図4 社会福祉学における方法と社会福祉の全体像

(2) 現象学

　現象学の方法は，私たちの視点を超越論的視点へと引き戻す現象学的還元と，超越論的視点から見出される志向性の分析である。

　私たちの生活世界にはリアリティ（現実感）はあるが，そこには様々な思い込みや囚われがある。そうしたものを一旦括弧に入れることで（遮断することで），事象そのものの理解を可能にする視点（超越論的視点）へと遡る（引き戻す）ことが現象学的還元である。

　超越論的視点に立った時，これまで気づかずに作用していた志向性の仕組みや働きを記述・分析することができる。これが志向的分析である。この志向的分析により，事象そのものがみずから示すもの（例えば，存在そのものや他者そのもの）の意味を理解することが可能となる。

(3) 社会科学

　人々が主観的に思念した「意味」の問題は，自然現象から区別された社会現象である（今田 2012：569-570）。そのため，社会科学には自然科学とは異なり，

意味を解釈する方法が求められる。しかしながら、自然科学にしても社会科学にしても、まず、対象を正確に記述し、その上で、その対象となっている現象を生み出している原因を説明するという点では同じである。こうした自然科学との差異と共通点を踏まえれば、社会科学には、意味を解釈する方法、対象となる現象を記述する方法、そして、現象を生み出している原因を説明する方法、この3つがあるといえる。

(4) 対話

ここでいう対話とは、当事者（生活者）の視点から語られる世界に関するリアリティや思い・訴え、超越論的視点から語られる本来的な在り方、そして観察者（研究者）の視点から語られる諸事実、これらを突き合わせて話し合い、価値や規範を決定する営みである。

以上により、社会福祉の全体像を体系的に解明する方法の仮説を提示した。次に、この仮説をもとに、研究領域（社会福祉学の対象）に応じた研究方法を明らかにする。

Ⅳ 研究領域に応じた研究方法

1. 超越論的領野（社会福祉学原論）における方法——現象学

超越論的領野における主な研究方法が現象学である。現象学は、物事を考える視点を、観察者（研究者）の視点から生活をしている当事者の視点へ、さらには、超越論的視点へと引き戻す。そして、その超越論的視点から世界が構成される仕組みと働きを記述分析する。こうした現象学という方法の概略を、生活世界を起点に説明する。

（1）生活世界と超越論的間主観性

　西原の指摘によれば，生活世界の概念が社会学に導入されると，生活世界は単に日常生活の世界を指す語として多用された（西原 2012：736）。言い換えれば，生活世界は，私たち一人ひとりに立ち現れている経験的な世界として理解されるようになった。しかし，浜渦が指摘するように，生活世界という概念の提起はそのような世界の分析だけでなく，あくまで超越論的な次元への通路としてあったのであって，超越論的な次元を無視することは，フッサール現象学の核心に眼を閉ざすことになる（浜渦 1995：294）。

　生活世界における超越論的主観性＝超越論的間主観性の仕組みと働きには，私たちが経験する意味世界を構成するノエシス的側面（超越論的次元）と，その働きによって構成される意味世界であるノエマ的側面（経験的次元）の双方の側面がある。生活世界は，私たちが現に生きている世界には，超越論的次元と経験的次元の双方があることを示す概念なのである（斎藤 2002：243-247）。

（2）世界が構成される仕組みと働き（超越論的領野）を分析・記述する

　生活世界を超越論的次元において理解する上で鍵となる概念が「地平」である。超越論的領野の記述分析によれば，意識とは常に「何かについての意識」であり，このような意識をフッサールは志向性と捉えた。この志向性には事象や世界を構成する働きであるノエシスと，その働きによって構成され，意味を伴った対象として理解されるノエマという2つの側面がある。ここでいう「構成」とは，私たちの主観（意識）による様々な思い込みや囚われの中で潜在化し見え難くなっているものが，有意味なものとして顕在化することで，その事象みずからが示すものを見えるようにさせることを意味する（Zahavi＝2003：110）。すなわち，私たちが経験している事象や世界は，様々な潜在的な可能性の中から，ノエシスの働きによりノエマという意味を伴った対象（事象）として顕在化している（立ち現れている）。この潜在的な可能性が「地平」である。

　これらの点を踏まえると，「生活世界とは，様々な潜在的な可能性（地平）の中からノエシス（構成）の働きにより，私たちにとって意味を伴った形で顕

在化した世界である」と理解することができる。

(3) 超越論的領野における記述分析の方法

超越論的領野において,他者という事象の志向的分析を行ったのがレヴィナス(Lévinas, Emmanuel)である。

❶顔の抵抗と呼びかけ

レヴィナスの分析において,現象学的還元の役割を担うのが顔の体験である。レヴィナスがいう「顔」とは,私の内にある〈他者〉の観念を踏み越えて,この私の世界に〈他者〉が立ち現れる仕方である(Lévinas=2005:80)。他者の顔は,私の世界に取り込まれること(所有されること),コントロールされること,そして殺されることを拒む。そうしたことに対して抵抗する(Lévinas=2006:37-43)。それだけではない。そこには,呼びかけ/命令がある。そのことをレヴィナスは次のようにいう。

> 「顔のうちで要求として語られるものは,たしかに,与えることと奉仕することへの呼びかけ――すなわち,与えることと奉仕することの命令――を意味しています。しかし,それ以上に,しかもそれを含めて,たとえ非情な事態に直面したとしても,他人をひとりきりで見棄てておかないという命令を意味しています(強調は原文)」(Lévinas=2010:152-153)

抵抗するだけでなく,顔は語りかけるのである(Lévinas=2010:109)。

❷他者への責任=倫理

レヴィナスは「倫理は,他なるものの外部性を前にして,他者を前にして,私たちが好んで言うように,他者の顔を前にして始まる(強調は原文)」(Lévinas=1997-b:61)という。他者の顔を前にして始まる「倫理」は,「抵抗」(Lévinas=2006:37),いまあなたが占めている場所はほんとうにあなたのものなのかと

いう「審問（問い質し）」(Lévinas=1997-a：192，322，Lévinas=2005：62)，そして他者の呼びかけに応える「責任」(Lévinas=1997-b：76) といった関係性によって形成されている。その内容は「自分自身とは異なる他なるものの存在へ向けられた配慮」(Lévinas=1993：297) であり，「他人の優先権を認めるという人間の可能性」(Lévinas=1993：154) である。

　レヴィナスが描き出した「倫理」とは，私たちの経験の背後で潜在的に作動し，ある種の道徳な状況で間接的に顕在化する潜在的な構造なのである（村上 2012：236）。

２．生活世界（生活世界論）における方法——哲学的解釈学と質的研究

　超越論的領野の方法である現象学によって，社会福祉学の対象は「意味」であることが明らかにされた。「意味」を「理解」することが生活世界論の目標となる。この目標を達成するために導入される方法が哲学的解釈学と質的研究である。このうち哲学的解釈学は方法論の哲学的基盤を与えるものであり，質的研究はその基盤の上に展開される方法論である。その概略は以下の通りである。

（１）解釈学

　現代の解釈学運動は，ウィトゲンシュタインの「言語ゲーム」論，クーンの「パラダイム」論，デリダの「グラマトロジー」，ローティの「脱構築」論，ハーバーマスの「批判理論」など多様な展開をみせた（丸山 1993：142）。しかし，そこには解釈学として共通した見解がみられる。それは「われわれのあらゆる知識や規範は，歴史的に形成された特定の『生活世界』を基盤にし，そこにおける間主観的な『理解』にもとづいて成立する」（丸山 1993：143）というものである。こうした解釈学の哲学的基盤を与えたのがディルタイとガダマーである。

第5章　社会福祉学の方法

❶ディルタイの解釈学
（ⅰ）体験・表現・理解という方法
　生活世界論において対象となっているのは，一人ひとりが現に生きている生活世界である。その生活世界を相貌的世界として描き出しているのが丸山である。

> 「われわれが日常的に出会うすべてのものが，『表情』をもっている。夕暮れの山はいかめしく，春のそよ風はやさしい。都会の雑踏，古い町の落ち着いたたたずまい，薄暗い境内の杜，ゴミ捨て場に打ち捨てられているこわれた家具，そのすべてが，それぞれの雰囲気を漂わせている。『暖かい』色があり，『冷たい』音がある。『怒鳴り声』や『猫なで声』，『力強いタッチ』や『繊細な筆跡』がある。……中略……われわれが現実に生きている世界は，『事物的世界』や『道具的世界』であるまえに，なによりもまず，『相貌的世界』である」（丸山　1993：165）

　生活世界は，その世界を生きている人によって，様々な意味が与えられている。例えば「われわれは，頬を伝う涙にそのひとの『悲しみ』を見るのであって，それを生理的な現象として説明しようとはしない」（丸山　1993：152）。生活世界は意味づけられた世界であり，それは相貌的世界でもある。こうした生活世界を理解する方法を，自然科学とは異なる精神科学の方法論として提示したのがディルタイ（Dilthey, Wilhelm）である。そして，その方法論的原理が「体験・表現・理解という連関」である。

> 「知覚や認識でとらえるならば，われわれにとって人間とは，ある自然的な事実であるであろうし，かかるものとしては，自然科学的認識によってのみとらえることが可能であろう。しかし，人間の状態が体験される限り，それが生の現われとなって表現される限り，さらにこれらの表現が理解される限り，人間は精神諸科学の対象として成立するにすぎない。……中略

……ある科学の対象が，生と表現と理解という連関にもとづく態度によって知られるときだけ，その科学は精神科学に属するのである」(Dilthey=1981：22-23)

　私と他者は異なる世界を生きている。そのため，他者が生きている生活世界をそのまま理解することはできない。この限界を踏まえつつも，他者が生きている生活世界を理解するためには，そこで体験されていることを，その人の表情や発言を通して理解する，すなわち，体験・表現・理解が基本となる。
（ⅱ）生活世界論における基本的方法
　生活世界論における基本的方法が，他者が経験している意味世界を理解することである。私たちは他者の体験を，表情を通して理解する。他者の顔に対する私たちの知覚は，顔を「それ」として知覚すれば「物事の知覚」となり，「なんじ」として知覚すれば「表情の知覚」となる。そして，「表情の知覚」は感情の働きと密接に結びついている（Cassirer=1975：52-53）

　他者が経験している生活世界を，表情を通して理解するということは，その人を「なんじ」として理解することであり，そこには「心が痛む」「何とかできないか」といった感情的なものが伴う。これが生活世界論における基本的方法である。

❷ガダマーの哲学的解釈学
（ⅰ）解釈学的経験という方法
　ガダマーは，ディルタイを哲学的解釈学の直接的先駆者とし，かつ，フッサールの現象学とハイデガーの存在論的解釈学の方法を踏まえ，みずからの哲学的解釈学を構築した。その成果は主著『真理と方法』にまとめられている。その第二部第Ⅱ章「〈解釈学的経験の理論〉の要綱」において，精神科学の方法を解釈学的経験として提示している。それは次のようなものである。
　生活世界に生きている私たちは，意識はしないものの様々な先入見に囚われている（Gadamer=2008：427）。そんな私が，芸術作品，テクスト，あるい

第5章　社会福祉学の方法

は他者に出会った時，自分が思いもしなかったことを経験する時がある。経験にはいろいろな意味があるが，解釈学的経験における経験は，こうした予期せぬ出来事（否定性）との遭遇を意味する（Gadamer＝2008：546-547）。これは「人間の有限性の経験」（Gadamer＝2008：552）である。しかし，人間は予期せぬ（知らないことの）経験をする有限な存在であるが故に，新たな経験へと開かれている（Gadamer＝2008：550）。そして，こうした経験はある対象を別の仕方で，よりよく知ることを可能にする（Gadamer＝2008：549）。すなわち，解釈学的経験とは，新しいものの見方や世界観の変更をもたらすような経験である（麻生　1985：205）。

こうした解釈学的経験を媒介する（生み出す）のが言語である（Gadamer＝2012：679）。理解ということで起きている意味の体験は，言語的プロセスであり（Gadamer＝2012：680），理解自体がその中で遂行される普遍的な媒体が言語である（Gadamer＝2012：687）。そして，その言語の中で，どのように理解を遂行するかが解釈なのである（Gadamer＝2012：687）。このような言語の謎を，ガダマーは対話を起点に探ろうとした（Gadamer＝2008：583）。すなわち，解釈学的経験が生じる場が対話であり（麻生　1985：206），「理解」とは，こうした経験に基づくものなのである（麻生　1985：206）。

解釈学的経験により意識していなかった自分の先入見に気づき，その妥当性が揺さぶられる。そして，これまでもっていた先入見が修正され，出会った芸術作品，テクスト，あるいは他者に対して，これまでとは違った理解ができるようになる。こうした経験が解釈学的経験であり，人文科学や社会科学といった精神科学の方法である。

（ⅱ）生活世界論における根源的方法

生活世界論における基本的方法（体験・表現・理解という方法）は，他者（自分とは違った世界を生きている人）の表情を通して，その人が体験している生活世界（意味）を理解することである。これを生活世界論における基本ないし最初の段階としつつも，生活世界論における根源的方法（解釈学的経験）では，他者との関わりを通して，自分自身のものの見方や世界観が変容する。

解釈学的経験は，決して難解な哲学の話ではなく，社会福祉という営みにおいてしばしば経験することである。筆者自身の経験をいえば，最重度の知的障がいがある人との出会いと関わりがそうであった。最重度と判定されている人たちと実際に出会い関わると，自分が想像することがなかった行動（例えば，薬を服用しないと興奮状態が故に眠れない，体温の調整が困難，便を部屋中に塗るなど）への対応を経験し，「人間って何だろう」と問い考えさせられた。この経験により，意識していなかったが，自分には人間に対して一定の先入見（例えば，人間は，夜は寝る，体温を保つなど）をもっていたことに気づかされた。そして，人間の在り方は実に多様で，その一人ひとりがかけがえのない存在であることを学んだ。

　こうした経験は，決して筆者だけのものではない。例えば，福祉の現場には実習生が学びに来る。その実習生が実習記録に「この実習で，ものの見方というか，世界に対する見方が変わった」と時々書いていた。筆者がこれら学生に影響を与えたわけではない。学生は自分が予期していないような経験をし，障がいがある人に対する思い込みを揺さぶられ，そして，実習を通して，障がいがある人に対する見方や世界に対する見方を変えていた。学生は実習を通して解釈学的経験をし，その経験を通して障がいがある人や社会福祉に対する「理解」を深めているのである。

(2) 質的研究

　社会が急速に変化し，私たちが暮らしている生活世界は多様化している。それに伴い，これまでにないような新しい社会の文脈や視界が現われた。この現実に対して，数量化を原則とする科学の方法（量的研究）では，その現実を理解するには限界がある。こうした状況の中で生まれたのが質的研究である（Flick＝2011：13-17）。

　「『質的研究』とはひとつの方法のことではなく，異なった理論的前提や対象の理解の仕方，また方法論的な焦点に基づくさまざまなアプローチを含む総称である」（Flick＝2011：67）。しかし，そこには「具体的な事例を，その時間的，

地域的な特性において分析すること。日常の文脈における人びとの発言や行為を出発点にする」(Flick＝2011：26) という共通した方向性がある。

　生活世界論における主な研究方法はこの質的研究である。その方法は多様であるが，以下では，一人ひとりが生きている生活世界の理解をもたらす方法を3つ取り上げる。

❶モノグラフ法

　モノグラフ法は，対象となった人たちの現場に赴き（フィールドワーク），直接関わりながら観察し（観察参与），その人たちの声や言葉の理解・分析を通して，その人たちが生きている意味世界（生活世界）を理解しようとする方法である（佐藤　2000：48-52）。

❷エスノメソドロジー

　人びとは普段，様々な状況の中，ごく当たり前で些細な日常的現実を生きている。エスノメソドロジーにとってそれは"驚嘆すべき"出来事であった（好井　1987：325-326）。その日常を生きる人びとは，あらかじめ決められたルールにしたがって動く「プログラムされた自動人形」ではない。そうではなく，常に意識するしないにかかわらず，具体的な場面で「他の人びとと共に推論し行為し，協働して現実を達成している」（好井　1987：326）。エスノメソドロジーは，こうした「日常生活を営む人びとなら社会のあらゆる場面で誰でも使っているけれどきづくことがない（seen-but-unnoticed）方法論的な知識」（水川　2007：11）や，そうした日常の場面で生成される秩序を記述し解明する。

　エスノメソドロジーの研究実践の代表的なものに会話分析がある。そこでは「日常会話や電話を録音しそれらを語られているとおりに詳細に書き起こす作業を通して，『会話すること』それ自体の秩序形成を詳細に解読」（好井　2012：162）する。

❸ナラティブ・アプローチ

　ナラティブ・アプローチとは「『ナラティブ』（語り，物語）という形式を手がかりにしてなんらかの現実に接近していく方法」（野口 2005：8）である。ナラティブは「『語る』という行為と『語られたもの』という行為の産物の両方を同時に含意する用語」（野口 2009：1）である。こうしたナラティブは，「生きられた時間」「出来事の意味」「語り手と聞き手という社会性」を伝えようとしている（野口 2009：8-10）。私たちの社会生活は，時間の流れや出来事の意味を他者に伝え，共有することによって成り立っている（野口 2009：10）。すなわち，「われわれの生きる現実は様々なナラティブによって成り立っており，ナラティブによって組織化されている。ナラティブ・アプローチはこうした認識から出発する」（野口 2009：11）。

　社会福祉学の領域においてナラティブに着目して，ソーシャルワークにおけるナラティブ・モデルの可能性を，欧米の文献をベースに日本に紹介してきたのが木原活信である。木原はナラティブ・アプローチの視点・着想に着目する。そして，「当事者主権が今，歓迎される背景には，伝統的な社会福祉の理論やソーシャルワークが，真摯にクライエントの語る現実世界を聴いてこなかったことを暗示している」（木原 2009：162）と指摘している。

　クライエントが現に生きている生活世界を，モノグラフ法，エスノメソドロジー，ナラティブ・アプローチなどの方法をもとに理解することから，社会福祉学の探究は始まる。

3．社会福祉というシステム（領域論）における研究方法
　　――社会科学と対話

　領域論における主な研究方法が社会科学と対話である。このうち社会科学についていえば，先に述べた質的研究も社会科学の研究方法であり，それは主として，当事者の視点から理解される物事や世界を明らかにするものであった。これに対して領域論における社会科学は，主として，観察者の視点から物事や

第5章 社会福祉学の方法

世界を理解する。ただし、この観察者というのは社会や歴史から超越した外部に位置するのではなく、あくまで歴史や社会を基盤とし、そこから影響を受けた観察者である。そのため、まず、社会科学の解釈学的基底について述べる。

(1) 社会科学の解釈学的基底(パラダイム論)

学問の認識論的基盤を問うたフッサールは、晩年の「幾何学の起源」という補論において、幾何学の明証性も言語を媒介とした伝達の連鎖によって形成され(Husserl=1995:502-521)、土地測定のような実践を起源にもつことを突き止める(Husserl=1995:527-534)。すなわち、エピステーメー(論証知、学知)も究極的にはプラクシス(実践)に基づくことを解明する(佐々木 1993:211-212)。

さらに、1960年代には、「科学の論理学」から「科学の解釈学」という潮流の変化がみられた(野家 1993:16-35)。科学の解釈学は、「認識主体から独立に自存する自然を貫く、超歴史的に妥当する客観的自然法則という観念が、それ自体一つの歴史的所産であり、十七世紀の科学革命以降に胚胎した知的態度であることを明らかにした」(野家 1993:33-34)。自然科学においても、それが帰属する共同体に拘束されており、科学で用いられる諸概念も伝承され形成される歴史的所産なのである。そしてクーン(Kuhn, Thomas Samuel)は、そうした歴史的所産を解釈学的基底(パラダイム)と表現した(Kuhn=1994:105)。

領域論における社会科学も、解釈学的基底(パラダイム)に拘束された認識方法なのである。この点を踏まえた上で、領域論における研究方法として、事実を明らかにする社会科学と、価値・規範についての合意をもたらす対話について述べる。

（２）社会科学

❶社会科学における方法論

　領域論において社会科学を用いる研究領域は2つある。1つは，社会福祉という対象の「実態」を明らかにする領域である。もう1つは，現状から目指すべき状態へと導く「方法」を明らかにする領域である。2つの領域を明らかにする社会科学には定量的研究（量的研究）と定性的研究（質的研究）があり，そのどちらも必要となる。

　定量的研究と定性的研究は異なる研究のスタイルをもっている。しかし，そのどちらも推論の論理に基づいているという意味では同じである（King, Keohane, Verba＝2004：3）。定量的研究にしても定性的研究にしても，「社会的現実の理解に役立つように設計された研究が成功するのは，科学的な推論の論理に従ったときだけである」（King, Keohane, Verba＝2004：270-271）。そのため，ここではまず，社会科学の基礎概念（記述と説明）を説明した上で，社会福祉の「実態」と「政策／実践の方法」を明らかにする方法（その中核にあるのが科学的な推論の論理）について述べる。

（ⅰ）記述と説明

　歴史と社会の中にある社会福祉の実態を，社会科学を用いて理解する場合，まず，記述と説明を明確に分けるところから始めなければならない。

　記述は「事実を正確に観察して記録すること」（高根 1979：40），あるいは，観察した結果を言葉や数値・データで表現することである（伊藤 2011：61）。一方，説明は「『なぜ』という疑問を発して，『結果』として扱われる現象と，その『原因』となる現象とを論理的に関係させようとする」（高根 1979：40）もの，あるいは「ある現象をもたらした原因を推論すること」（久米 2013：61）である。ここでいう「推論とは，知っていることから未だ知らないことを推測すること」（久米 2013：63）である。

（ⅱ）記述的推論と因果的推論

　記述においても説明においても推論が行われる。前者は記述的推論といわれ，

後者は因果的推論といわれる。記述的推論とは、観察を用いて他の観察されていない事実を学ぶものであり、因果的推論は、観察されたデータから因果関係を学ぶものである（King, Keohane, Verba＝2004：7）。さらにいえば、記述的推論は、観察している対象の中に一定の規則性あるいはパターンを発見することであり、因果的推論は、そのような規則性を発見した後、なぜそのような「規則性」が生じるのかを知ろうとすることである（伊藤・田中・真渕 2000：14）。

(ⅲ) 科学と推論

「科学的研究は、現実の世界に関する経験的な情報をもとにして、記述的推論もしくは因果的推論を行うように設計されている」（King, Keohane, Verba＝2004：7）。すなわち、科学的研究とは、一連の推論のルールを厳守した研究であり、科学の中身は方法とルールである（King, Keohane, Verba＝2004：8-9）。

❷実態を記述する方法

ある現象を説明しようとする場合、その前提として、その現象を正確に記述する必要がある。実態を記述する方法には次のようなものがある。

(ⅰ) 概念の定義・操作化・指標

私たちはある現象を言葉（概念）や数値・図あるいはグラフを使って記述する。このうち、特に言葉は様々な意味をもつ。そのため、対象となる現象を記述するために使う主要な言葉（概念）の意味を定める（定義する）必要がある。しかし、言葉（概念）を定義してもまだ抽象度が高い場合がある。この時、「抽象的な概念を、観察しやすい対象や測定しやすい行為・状態に置き換えることを操作化」（伊藤 2011：57）という。また、「研究の鍵となる概念を操作化して、観察・測定できるようにしたものを指標」（伊藤 2011：58）という。

(ⅱ) 分類と類型

多くの観察結果から、対象となる現象の特徴をつかむために分類を行う。分類とは、同じ特徴を有するもの同士をグループに分けることを意味する（伊

藤 2011：62）。この分類においては「あらかじめ少数の類型（タイプ）を作って，そこに観察したものを当てはめることで分類作業の効率化が図られる」（伊藤 2011：62）。社会科学では，縦軸と横軸を組み合わせて4類型を作り分類する技法がよく使われる（伊藤 2011：63）。
（ⅲ）基本統計量とグラフ

基本統計量という記述の仕方もある。これは，データを要約し特徴を示したものであり，よく使われる基本統計量には，合計，平均値，分散，最大値，最小値，中央値などがある（伊藤 2011：109）。平均や分散などの基本統計量の特徴を直観的につかむためには，グラフを用いることが有効である（伊藤 2011：109）。グラフには，項目ごとの量や度数を示す棒グラフ，測定値の変化を示す折れ線グラフ，割合を示す円グラフ，あるいは，データを一定の範囲ごとに区切って，その範囲に標本がいくつあるかを集計してグラフに描くヒストグラムなどがある（伊藤 2011：109-110）。

❸実態の原因を説明する方法

対象となる現象が的確に記述された後，その現象を生み出す原因の推測が可能となる。すなわち，「どのような説明も記述という作業抜きには成り立たない」（久米 2013：63）。そして，社会科学の「理論」の中心は因果関係を示す命題を立てることにある（宮野 2000：185）。
（ⅰ）因果的推論における3原則

高根は因果的推論を満たすには，①独立変数の先行，②独立変数と従属変数の共変，③他の変数の統制（パラメータ確立）の3つの原則があるという（高根 1979：189）。

独立変数の先行とは「独立変数の変化が，従属変数の変化に先行するという，時間的順序が確立されなければならない」（高根 1979：83）ということである。簡単にいえば「原因とされる事態が生じ，その後に結果が生じるという，時間の前後関係が明瞭に示されていることである」（久米 2013：104）。独立変数と従属変数の共変とは，「両変数間の共変関係を確かめなければならない」（高

根 1979：83) ということである。「因果関係を推論する際には，その前提となる変化や違いの存在それ自体を慎重に確認する必要がある」(久米 2013：84)。そして，他の変数の統制（パラメータ確立）とは「他の重要な変数が，変化しないという条件を確立しなければならない」(高根 1979：83）ということである。すなわち「ある独立変数が，従属変数に影響しているという主張をするときには，他の変数の影響を取り除いた上でそのような影響がなお存在することを示す必要がある」(久米 2013：127-128)。

（ⅱ）因果関係に関する仮説の提示

仮説とは「おそらく，こういう因果関係があるであろう」という仮の説明である。それが故に仮説には検証が必要であり，その内容は検証可能でなければならない。仮説を構築する方法には一般に3つの方法があるとされている（稲葉 2006：118)。以下では稲葉（2006：118-122）を要約する形で3つの方法を述べる。

1つめは演繹法（deduction）である。これは理論や一般的な仮説から，より具体的な仮説(特殊仮説)を導出する方法である。2つめは帰納法（induction）である。これは，具体的かつ特殊な事例を一般化して，仮説を創り出す方法である。そして3つめは転想(abduction)と呼ばれる方法である。これは，異なった対象について創られた仮説を借用してきて，自分の研究対象に当てはめて仮説化する方法である。

（ⅲ）仮説の検証

仮説を検証するためには，仮説に使われている言葉（概念）の定義，そして操作化が必要となる。その上で，様々な方法によって仮説の検証が行われる，以下はその一部である。

【重回帰分析】

重回帰分析は，複数の原因変数（独立変数）が，1つの特定の結果変数（従属変数）にどのような影響を与えているかを調べるための統計手法である（宮野 2000：185)。この方法の特徴は，多数の原因変数を同時にコントロールした時に，特定の原因変数が結果変数に及ぼす影響を調べることができる点であ

る（宮野　2000：185）。

　重回帰分析を活用して仮説（理論モデル）の検証を試みる統計手法にパス解析がある。これを活用することで「いくつかの概念とそれらの間の因果関係を示す矢印から構成されるモデルが，妥当なものであるかどうかを実証的に検証することが可能となる」（中谷　2006：163-165）。

【因子分析】
　「因子分析は，多数の変数によって示されている背後にある潜在因子を探るというのが本来の目的であるが，社会福祉の研究では，変数の分類やグルーピングに用いられることが多い。たとえば，施設の職員が感じているストレスを50項目の質問で尋ねたものを，5つぐらいの大きなカテゴリーにまとめたいといった場合に因子分析が行われる」（中谷　2006：165）。

【比較事例研究】
　比較事例研究法は，計量分析の対象になりにくい事例に対してとられることが多い（久米　2013：174）。この方法には，差異法と合意法がある。差異法は，異なる結果を示している複数の事例を比較して，その違いをもたらした原因を推論するものである（久米　2013：174）。エスピン＝アンデルセンが『福祉資本主義の三つの世界』で行った福祉国家研究は差異法に基づく比較歴史分析である。一方，合意法は，複数の事例に共に生じたある事象の原因として，これら複数の事例に共通して存在する要因を探すことで，因果関係の推論を行う方法である（久米　2013：174）。

❹「政策／実践の方法」を明らかにする方法
（ⅰ）仮説の提示
　社会福祉という営みでは，様々な計画が立案された上で活動が行われている。これらは社会福祉の中核的な営みである。この計画は，現状の把握，目標の設定，目標を達成するための方法（政策レベル／実践レベル）の設定といった3要素から成り立っているが，その中核にあるのは「方法」である。社会福祉という営みの本質は状況の改善・解決にある。それが故に，有効な方法を明らか

第5章　社会福祉学の方法

にすることは社会福祉学の重要な研究課題となる。

　ここでは有効と考えられる仮説を設定し，それを検証するというやり方が用いられる。仮説の設定においてまず考えるべきことは，原因へのアプローチである。望ましくない結果（状態）であれば，その状態を引き起こしている原因の中で介入（除去）可能なものへ働きかける方法が設定される。また，望ましい結果（状態）であれば，その状態を引き起こしている原因の中で介入（強化）可能なものへ働きかける方法が設定される。

　次に考えるべきことは，原因に関わりなく，目標の達成に有効であると考えられる方法を設定することである。対応すべき状態を引き起こしている原因を，必ずしも見つけられる訳ではない。そして，最終的な目標は，原因の確定ではなく，対応すべき状態の改善・解決である。それが故に，原因が分からない場合は，目標の達成に有効であると考えられる方法を設定することとなる。

（ⅱ）仮説の検証

　仮説の有効性を検証するにあたって，まず確認すべきことは，設定された方法の有効性が，検証できるだけ十分に方法を実施したか否かの確認である。仮に有効な方法であったとしても，それが十分に実施されていなければ，その有効性を検証することができない。次にすべきことは，設定していた目標がどの程度達成されたのかを確認することである。その上で，目標の達成度に影響を及ぼした要因が，設定した方法以外にあったのか否かを確認する。これらを踏まえた上で，仮説として設定した方法の有効性を検証する。

（3）対話という方法

　社会福祉という営みには様々な規範や価値がある。その中でも，最も根本的なものは「社会福祉は必要である」という価値命題である。なぜなら，この命題への合意が，社会福祉を生み出し，支えているからである。そのためここでは，「社会福祉は必要である」という価値命題について考え，合意あるいは合意に至らなくとも，それぞれの意見を了解できるようになる「対話という方法」について概説する。

なお，以下で説明する対話は，いくつかの規範理論を参考にした上で筆者が考えたものであり，既存の対話理論に基づくものではない。

❶当事者の声を聴く

「社会福祉は必要である」という価値命題について対話する場合，そこには，支援を必要とする人と，少なくとも今はそうでない人という，異なる立場の人が存在する。そして，この命題（規範・価値）についての検討は，自分が支払う税金を支援に使うといったことも含意されている。

こうした対話は，支援を必要としている当事者の声を聴くことから始めなければならない。なぜなら，それらの人たちはこのテーマの当事者でありながら，幼さ，障がい，意欲の喪失など様々な理由から，声をあげる（届ける）ことが困難だからである。声を聴くことにより対話は生まれる。

ただし，そこにある声は，必ずしも，話したり書かれたりした言葉ではない。虐待を被った中で発せられる幼い子の泣き声，言葉の代わりに「混乱，拒否」を訴える知的障がいや発達障がいがある人のパニック，会社を解雇された後に何か所も会社の面接を受けたが採用に至らず，生きる意欲まで無くしている40代の男性のうつむく姿など，声なき声，声にならない声もたくさんある。

当事者の声を聴き，対話が生まれた時，私たちが経験したことのない困難な状況があり，そこで辛く苦しい思いをしている"人"がいることに気づく。この気づきが対話の基盤となる。

❷生活困難を生み出す不正義の仕組み（構造）を明らかにする

人間の力で自然法則を変えることはできない。人間の力でどうすることもできないことが原因で被った不幸は不運である。しかし，社会にある規則や仕組みは人間が作ったものであり，人間の力で変えることができる。理不尽な状況を変えられるのに変えないことは，不運ではなく不正義である。まず，この「不運」と「不正義」の違いを理解する必要がある。

ヤング（Young, Iris Marion）は，こうした不正義は非常に広く社会にいき

わたり，根づき，諸個人間の日常の相互作用，メディアによる情報伝達，文化的なステレオタイプ，そして官僚組織や市場原理を通じた「構造的な」抑圧であることを『正義と差異の政治学』で主張している（岡野・池田 2014：292）。

　生活困難を生み出す大きな原因は社会の仕組み（構造）にある。その構造は不正義であることを，社会科学の方法・分析により明らかにし，その事実に基づいて対話する必要がある。

❸責任の分有（社会的つながりモデル）
　先に不運と不正を区別した。この不正についてヤングは次のようにいう。

> 「ある環境を不正だと判断することは，わたしたちがその不正が少なくとも部分的には人間によって引き起こされたものだと理解していることを意味し，その不正義を改善するためになにかがなされなければならないという主張を伴う」（Young＝2014：142）

　構造上の不正義についていえば，ある特定の個人や会社のような特定の集団的行為者の行為が，いかにして別の特定の個人に対する危害を直接引き起こしたかを明らかにすることは不可能である（Young＝2014：155-168）。それが故に，構造的不正義に対しては，それを生み出す原因となる者に責任を帰す帰責モデルは適切でない（Young＝2014：145-155）。

　ヤングが帰責モデルに対する代案として提示するのが「責任の分有」という社会的つながりモデルである（Young＝2014：155-168）。それは「不正な結果を伴う構造上のプロセスに自分たちの行為によって関与する全ての人びとが，その不正義に対する責任を分有する」（Young＝2014：144），「この諸構造の中に生きる者たちは，みな自分たちの引き起こす不正義に対して，たとえ誰一人として法的な意味でその危害に責任がなかったとしても，それらを改善する責任を負わねばならない」（Young＝2014：156）というものである。なぜなら，「わたしの責任の根拠は，わたしが不正な結果を生む構造上のプロセスに参加して

いるという事実にある」（Young＝2014：163）からである。

　私たちの暮らしは商品を通して，地球上の様々な人たちとつながっており，そのつながりには構造的不正義がある。ヤングが指摘するように，私たちは構造的不正義に参加しているのである。「社会福祉は必要である」という価値命題について対話をする場合，この事実を踏まえる必要がある。そしてその際，社会的つながりモデルは，参考になる考え方である。

❹対話を行う上で踏まえるべき4つの観点
（ⅰ）情念──理性と情念が絡み合う
　情念は血腥（ちなまぐさ）い民族的，宗教的抗争にも動員され，テロリストの攻撃，民族浄化，強姦，大量殺戮といった恐るべき残虐に至ることもある（Walzer＝2006：186）。そのため，情念を抑え，理性（論理）にしたがった対話に基づき政治を行う必要がある。価値命題について対話する際，情念・感情といったものは喧嘩や暴力といった誤った方向へと展開する可能性を秘めているが故に，控えるべきもの，払拭すべきものとされてきた。

　これに対してウォルツァー（Walzer, Michael）は「リベラルな理論は，近年，情念を払拭した討議的な手続きの構築にあまりにも専念してきた」（Walzer＝2006：208）と批判する。そして，まず，結社の権利を求めてデモを繰り返した19世紀の労働者や，1960年代のアメリカ南部において黒人白人を問わず公民権を求める行進に加わった人々など，既存の社会秩序に挑戦した人々に目を向ける（Walzer＝2006：200）。これらの人たちがもっていたのは，不正義に対する憤りといった情念である（鈴木 2012：112）。ウォルツァーはこうした情念があることを確認した上で，実践においては理性と情念は常に絡み合っており，理性に情念の息吹きを与えるために，理性と情念の区別をあいまいにすることを提案する（Walzer＝2006：208）。

　対話において，感情に任せ，相手の意見を聴かないこと，相手を攻撃することは望ましくない。しかし，不正義に対する憤りといった情念自体が悪い訳ではない。また，幼かったり，障がいがあったりするために理性（論理）的に話

すことができず，感情的なメッセージ（情念）しか発せられない人たちも少なからずいる。対話においては，こうした情念を排除することなく向き合い，対話の1つの重要な要素として取り入れる必要がある。
（ⅱ）熟議――他者の観点を考慮できるようになる

熟議民主主義という言葉がある。一口で説明できるものではないが，あえていうならば，「『熟議民主主義』とは，単なる多数決でものごとを決めるのでなく，相互の誠実な対話を通じて，異なる立場の人々の間に合理的な一致点を探っていこうというタイプの民主主義である」（山田 2010：28-29）。ここでいう「誠実さ」とは，意見の根拠をしっかり示し合う態度のことである（山田 2010：29）。

熟議民主主義が求められている理由は，選挙によっては十分に代表されない多様な声があることが真剣に受けとめられるようになり，それら「声なき声」を，どのようにして公共の議論に乗せていくかが問われるようになったからである（山田 2010：28-29）。

熟議においては，人々は妥当と見なされる理由にしたがってみずからの見解や選好を反省し，それを変化させていくことが期待される（田村 2014：77）。すなわち，「熟議とは，討議によって参加者が他者の観点を考慮に入れるようになり，そのために選好が変容してゆくことにほかならない」（鈴木 2012：114）。

対話，特に価値・規範を巡る対話において求められることは，他者の意見の根拠をしっかりと聴き，必要に応じて他者の観点を踏まえ考えることである。そして，考えた結果，理に適ったものであったり，心に訴えるものであったりした場合，みずからの意見や選好を変容させられる態度である。

このように熟議による対話では，根拠を示すことが求められる。「社会福祉は必要である」という価値命題について対話をする場合，その根拠となるのが以下の（ⅲ），（ⅳ）の2点である。
（ⅲ）共通悪――「誰もが避けたいと思う状況」がある

シュクラー（Shklar, Judith）は「残酷さを第一に考える」という原理から"恐

怖のリベラリズム"（The Liberalism of Fear）という考えを提示する。この言葉は誤解を招く可能性がある。そのため，論文「恐怖のリベラリズム」（"The Liberalism of Fear"）の訳者である大川（2001：139）は，「なによりもまず統治に携わる者たちがもたらしてきた恐怖という伝統を基盤とし，そのような恐怖から自由であることを政治的に大事なことだと考え，統治にまつわる恐怖を，統治の過剰を（さらには，社会的権力がもたらす恐怖をも）たえず警戒するリベラリズム」と補足している。そして，シュクラー自身はこのリベラリズムについて次のように述べている。

> 「このリベラリズムはすべての政治的に活動する者が獲得しようと努力すべき〈共通善〉を提供しはしない。だが，恐怖のリベラリズムが〈共通悪〉から出発しているのはたしかである。〈共通悪〉とは，わたしたちみなが知っており，できれば避けようと望んでいる悪のことである。その悪は，残酷さであり，この残酷さが惹き起こす恐怖であり，恐怖そのものについての恐怖である」（Shklar＝2001：128）

何を善いとするか，何を幸福と考えるかは，人によって異なる。価値観は多様である。しかし，虐待を含む暴力，いじめ，存在の否定，蔑み，餓死など，誰もが避けたいと思う事態や状況が存在する。そして，そうした状況の中にいる人が確かに存在する。この事実が，社会福祉は必要であることの１つの根拠となる。

（ⅳ）根源的偶然性／根源的不平等——誰がどのような環境や能力をもって生まれてくるのかはまったくの偶然であり，そこには著しい不平等がある

先に，帰責モデルとは異なる社会的つながりモデルについて述べたが，ここでは帰責モデルを取り上げる。例えば，Ａさんが生活困難な状態にあると想定してみる。その人は，その状態に至るまでに，勉強する／しない，嫌なことがあっても物事に取り組む／取り組まない，働こうとする／働こうとしないなど，様々な選択肢があった。別のＢさんは同様の選択肢がある中で，勉強する，嫌

なことがあっても物事に取り組む，働くといった選択をした結果，生活困難にならずにいる。しかしAさんは，勉強しない，嫌なことがあったら物事に取り組まない，働こうとしないといった選択を続けた結果，生活困難になっている。この場合，生活困難になっている責任をその人に帰すことができる。

　しかし，今日，社会問題になっている子どもの貧困はどうだろうか。この場合，その子どもが様々な選択をする前に，すでに生活困難に陥っているのである。そのため，生活困難の責任を子どもに帰すことはできない。さらにいえば，先のAさんの例にしても，自然に勉強をする，嫌なことがあっても物事に取り組む，といった教育がなされる環境であれば，その人の選択も変わっていたかもしれない。

　私たちは生まれてくる環境（資産の有無，家庭・教育環境など）にしても，自分がもっている能力にしても，選ぶことはできない。言い換えれば，すでに選ばれた中で人生をスタートさせる。そして，そこには著しい不平等がある。こうした不平等を放っておくことが正しくないという感覚（正義感覚）が私たちにはある。この不平等と正義感覚が，社会福祉は必要であることの，もう1つの根拠となる。

❺対話とその支援・代弁

　対話を通して「社会福祉は必要である」という価値命題についての合意は形成される。その対話は，上記❶から❹を踏まえた上で展開する。ここで必要となるのが，対話の支援や代弁である。

　幼い児童，最重度の知的障がい者，認知症の症状がかなり進行した人など，みずからが現に経験し思い感じていることを言葉で伝えられない人がたくさんいる。その思いや感じていることを他者に伝える支援や代弁が必要である。こうした支援や代弁をした上で，「社会福祉は必要である」という命題を巡り，参加している当事者同士が納得できる均衡点を求め，対話は展開する。

Ⅴ 方法の固有性と社会福祉学

　以上の考察において，社会福祉学における方法を明らかにした。そこで明らかにされた方法を観ると，そこに社会福祉学における方法の固有性を見出すことができる。それは以下のものである。

1．"視るべきもの"から探究する（立場・関心・視点）

　社会福祉学は課題解決という実践的関心と，イデオロギー・抑圧からの解放という解放的関心に導かれて，対象の真なる認識を探究する。こうした関心に導かれ学知を形成していくためには，実践的関心や解放的関心を触発する現場へと身を置かなければならない。その現場が"視るべきもの"である。それは"人を人とも思わぬ状況"，"無念をのみこむ無数の状況"である。
　"視るべきもの"に身を置き，そこにいる人たちと関わると，実践的関心が触発されるだけではなく，実証主義（科学主義）というイデオロギー化した学問の在り方を疑う解放的関心も触発される。そして，社会福祉の全体像を浮き彫りにするためには，超越論的視点，生活者の視点，観察者の視点が必要であることが分かる。
　こうした立場・関心・視点から学知を構築していくことが，社会福祉学の方法がもつ固有性の1つである。

2．ダーバールに駆り立てられる（動機）

　"視るべきもの"に身を置き，そこにいる人たちと関わると，そこには「何とかできないかと思い，人を行動へと駆り立てる言葉（その人たちの思いや声＝ダーバール）」があることに気づく。社会福祉学の研究を促す動機の1つには，「知りたい」という知的欲求がある。しかし，社会福祉学の研究をその根底に

第5章　社会福祉学の方法

おいて衝き動かしているものは，他者（困難な状況にいる人たち）の呼びかけ（ダーバール）に応えるという責任である。知的欲求の根底にある他者への責任によって，社会福祉学の研究は遂行される。こうした動機に基づいていることも，社会福祉学の方法がもつ固有性の1つである。

3．哲学・科学・対話の協働（方法）

　古川は，社会福祉研究の方法について「多様な隣接諸科学の方法や知識を組織的に動員し，そこから一つのまとまりをもった成果を編み出す複合科学（マルティディシプリン）でなければならず，最終的には自己の研究活動を通じて，独自の視点，方法，枠組み，手続き，言語体系をもつ一つの融合科学（トランスディシプリン）としての発展が期待される」（古川　2009：109）と述べている。どのような形態であるかはともかく，社会福祉学の方法の中心にあるのは科学である。しかし，それだけではない。

　社会福祉の営みにおいては，社会の様々な歪みや矛盾を経験する。その経験の中では人間理解や価値観など，これまで自明視していたが故に意識していなかったことに違和感を覚えたり疑問をもったりする。違和感や疑問には，「なんで障がいがある人は入所施設での暮らしを余儀なくされるのか」「本人にはどうすることもできない，生まれながらの不平等が放置され続けるのか」ということもあれば，「何で，社会福祉学の方法は科学であると言い切れるのか，そこに哲学は必要ないのか」というものもある。社会福祉の経験の中では，こうした疑問について根源から問い考えることを促される。すなわち，社会福祉の営みにおいては，社会の様々な歪みや矛盾を経験するが故に，哲学することが促される。こうした経験的事実から，社会福祉学には哲学，福祉哲学が必要となる。

　さらにいえば，科学と哲学だけが社会福祉学の方法ではない。社会福祉という営みは，「社会福祉は必要である」という価値命題を始め，様々な規範・価値が問われる。規範・価値について合意を形成していくためには対話が必要と

なる。それが故に，社会福祉学の方法には，科学，哲学に加えて，対話が必要なのである。

　こうした哲学，科学，そして対話という方法が協働する形で遂行されていくところに，社会福祉学における方法の固有性がある。

Ⅵ　社会福祉の全体像と社会福祉学の全体像

1．社会福祉の全体像

　自然とは異なる社会，その社会の中でも，社会福祉という対象に応じた方法を明らかにしてきた。社会福祉という対象は，観察者の視点から，社会福祉というシステム（仕組みや活動）としてのみ捉えられる訳ではない。そうではなく，社会福祉という対象は，当事者（生活者）の視点，超越論的視点，観察者の視点といった複合的な視点に立った時に初めて，その全容を理解することができる。この理解に基づくならば，社会福祉という対象は，当事者（生活者）の視点から立ち現れる生活世界，超越論的視点に立つことによって見出される超越論的領野，そして，観察者の視点から理解される社会福祉というシステム（仕組みや活動），この3つの領域によって構成されているのである。

　本章の考察をまとめれば，福祉哲学を方法における根幹に置きつつ，超越論的領野を研究する方法は現象学，生活世界とシステムのうち事実に関する領域を研究する方法は社会科学，生活世界とシステムのうち価値に関する領域を研究する方法は対話であった。これらの方法のうち，福祉哲学と現象学によって福祉思想が，社会科学によって社会福祉理論が，そして，対話によって規範理論が明らかにされる。社会福祉学の方法によって，社会福祉という対象の全体像は図4（190頁）のように，福祉思想，社会福祉理論，規範理論という形で明らかにされる。

　しかし，社会福祉の全体像にはもう1つの領域が必要となる。それは社会福祉原論という研究領域である。ここでは，福祉思想，社会福祉理論，規範理論

の研究成果を踏まえ，社会福祉の原理，本質，体系が示される。社会福祉学によって社会福祉という対象は，社会福祉原論，福祉思想，社会福祉理論，規範理論という形で体系的に認識されるのである。

2．社会福祉学の全体像

社会福祉学が対象とするのは社会福祉であり，その目的は社会福祉の真なる認識の獲得である。しかし，社会福祉学が成立するためには，みずからの学問的（認識論的）基盤を明らかにしなければならない。これを研究対象とするのが社会福祉学原論であり，本書が取り組んだ課題である。

社会福祉学原論の研究において，社会福祉学における研究領域（対象）や方法が明らかにされる。明らかにされた方法を用いることで，社会福祉という対象の全体像が，福祉思想，社会福祉理論，規範理論という形で明らかにされる。そして，それらの研究成果を踏まえることで，社会福祉の原理や本質という社会福祉原論の内容を明らかにすることができる。以上のことを整理すると，社会福祉学の全体像は図5として示すことができる。

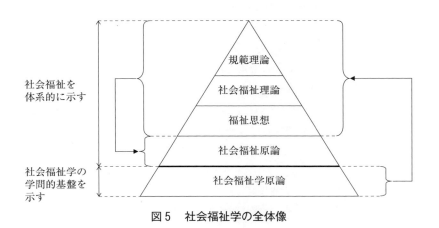

図5　社会福祉学の全体像

Ⅶ　おわりに

　本文で述べた通り，ここでは学問の方法を「真理に到達するための道（思考の手順）」と捉えた。本章で提示した方法に関する仮説は，社会福祉という対象についての真理に到達するための最初の一歩である。しかしこの一歩が，真理の方向へ踏み出しているとは限らない。そのため，真理の方向へ踏み出しているか否かについて，批判（吟味）していただきたい。

　その上で，方向が間違っていなければ，次の一歩は概念の創造と命題の提示である。上記で提示したどの研究領域においても，その領域の真なる認識をするためには，まず，社会福祉という事象そのものが示すものを言葉（概念）で捉え，その意味を規定しなければならない。次に，因果関係を示す事実命題，私たちがすべき行為を示す価値命題など，社会福祉に関する真なる認識を表す命題を構成しなければならない。こうした言葉（概念）と命題の中で前提となる知識を確定し，そこから様々な推論によって体系的に真なる認識（知識）が構築されていく。こうして社会福祉学という学知が構築されていく。

　社会福祉学構築の基礎となるのは言葉（概念）と命題であるが，これらは，社会福祉という対象が宿す仕組みや規則といった「ロゴス」だけではない。そこには，呼びかけ，人を行為へと駆り立てる「ダーバール」もある。社会福祉学は，一方ではダーバールを通して社会福祉を生み出し，その根底から歴史や人びとを衝き動かしているものを露わにし，もう一方ではロゴスを通して，社会福祉が宿している仕組みや規則を解明する。こうしたダーバールとロゴスにより社会福祉学は構築されていく。この認識にたどり着いたことをもって，社会福祉学の学問的基盤を探究してきた本書の考察を終わりにしたい。

［文献］
麻生　建（1985）『解釈学』世界書院.
粟田賢三・古在由重編（1979）『岩波哲学小辞典』岩波書店.

Cassirer, E.（1942）*Zur Logik der Kulturwissenschaften,* Göteborg, Cassirer, E.（1961）Zweite, unveränderte Auflage, Darmstadt,（＝1975，中村正雄訳『人文科学の論理――五つの試論』創文社）.

Dilthey, W.（1910）*Der Aufbau der geschichtlichen Welt in den Geisteswissenschaften,*（＝1981，尾形良助訳『精神科学における歴史的世界の構成』以文社）.

Flick, U.（2007）*Qualitative Sozialforschung.* Rowohlt Verlag GmbH, Reinbek bei Hamburg.（＝2011，小田博志監訳，小田博志・山本則子・春日　常・ほか訳『新版 質的研究入門――〈人間の科学〉のための方法論』春秋社）.

古川孝順（1994）『社会福祉学序説』有斐閣.

古川孝順（2005）『社会福祉原論〔第２版〕』誠信書房.

古川孝順（2009）『社会福祉の拡大と限定――社会福祉学は双頭の要請にどう応えるか』中央法規出版.

Gadamer, H-G.（1975-a）*Wahrheit und Methode: Grundzüge einer philosophischen Hermeneutik,* Tübingen, Mohr, 4．Auflage.（＝2008, 轡田　收・巻田悦郎訳『真理と方法　Ⅱ――哲学的解釈学の要綱』法政大学出版局）.

Gadamer, H-G.（1975-b）*Wahrheit und Methode: Grundzüge einer philosophischen Hermeneutik,* Tübingen, Mohr, 4．Auflage.（＝2012, 轡田　收・三浦國泰・巻田悦郎訳『真理と方法　Ⅲ――哲学的解釈学の要綱』法政大学出版局）.

Habermas, J.（1968）*Erkenntnis und Interesse,* Suhrkamp Verlag.（＝1981，奥山次良・八木橋　貢・渡辺祐邦訳『認識と関心』未來社）.

Habermas, J.（1968）*Technik und Wissenschaft als >Ideologie<,* edition suhrkamp, Frankfurt am Main.（＝2000，長谷川　宏訳『イデオロギーとしての技術と科学』平凡社）.

浜渦辰二（1995）『フッサール間主観性の現象学』創文社.

Heidegger, M.（1976）Gesamtausgabe, I. Abteilung：Veröffentlichte Schriften 1914 -1970, Band 9．*Wegmarken,* Unveränderter Text mit Randbemerkungen des Autors, herausgegeben von Friedrich-Wilhelm von Herrmann, Vittorio Klostermann. Frankfurt am Main.（＝1985，辻村公一，ハルトムート・ブッナー訳『ハイデッガー全集　第９巻　道標』創文社）.

久田則夫編（2003）『社会福祉の研究入門』中央法規出版.

Husserl, E.（1911）Philosophie als strenge Wissenschaft. in：*Logos 1*, S. 289-341（＝1969，佐竹哲雄訳『厳密な学としての哲学』岩波書店）.

Husserl, E.（1954）*Die Krisis der europäischen Wissenschaften und die transzendentale Phänomenologie：*Eine Einleitung in die phänomenologische Philosophie, *Husserliana* Bd.VI, Haag, Martinus Nijhoff.（＝1995，細谷恒夫・木田元訳『ヨーロッパ諸学の危機と超越論的現象学』中央公論新社）.

今田高俊（2012）「社会科学」大澤真幸・吉見俊哉・鷲田清一編『現代社会学事典』弘文堂，569-570.

稲葉昭英（2006）「Lesson 6　仮説の構築と検証の手続き――仮説を作ること，データから確かめること」岩田正美・小林良二・中谷陽明・ほか編『社会福祉研究法――現実世界に迫る14レッスン』有斐閣，115-140.

伊藤光利・田中愛治・真渕　勝（2000）「第1章　政治過程の理論と方法」伊藤光利・田中愛治・真渕　勝『政治過程論』有斐閣，2-33.

伊藤修一郎（2011）『政策リサーチ入門――仮説検証による問題解決の技法』東京大学出版会.

岩田正美・小林良二・中谷陽明・ほか編（2006）『社会福祉研究法――現実世界に迫る14レッスン』有斐閣.

木原活信（2009）「第六章　社会福祉領域におけるナラティブ論」野口裕二編『ナラティブ・アプローチ』勁草書房，153-175.

King, G., Keohane, R. O., Verba, S., (1994) *Desigining Social Inquiry: Scientific Inference in Qualitative Research*, Princeton University Press.（＝2004，真渕　勝監訳，上川龍之進・松尾晃孝・辻　陽・ほか訳『社会科学のリサーチ・デザイン――定性的研究における科学的推論』勁草書房）.

北川清一，佐藤豊道編（2010）『ソーシャルワークの研究方法――実践の科学化と理論化を目指して』相川書房.

孝橋正一（1962）『全訂　社会事業の基本問題』ミネルヴァ書房.

Kuhn, T. S. (1991) The Natural and Human Sciences, in David R. Hiley, James F. Bohman, and Richard Shusterman, eds., *The Interpretive Turn: Philosophy, Science, Culture*, Ithaca-London: Cornell University Press, 17-24.（＝1994，佐々木　力訳「解釈学的転回――自然科学と人文科学」新田義弘・丸山圭三郎・子安宣邦・ほか編『岩波講座　現代思想10　科学論』岩波書店，97-108）.

久米郁男（2013）『原因を推論する――政治分析方法論のすゝめ』有斐閣.

Lévinas, E.（1961）*Totalité et Infini, Essai sur l'extériorité*, Martinus Nijhoff.（＝2005，熊野純彦訳『全体性と無限（上）』岩波書店）.

Lévinas, E.（1961）*Totalité et Infini, Essai sur l'extériorité*, Martinus Nijhoff.（＝2006，熊野純彦訳『全体性と無限（下）』岩波書店）.

Lévinas, E.（1982）*De Dieu qui vient à l'idée*, Vrin.（＝1997-a，内田　樹訳『観念に到来する神について』国文社）.

Lévinas, E.（1982）*Éthique et Infini, Dialogues avec Philippe Nemo*, Fayard.（＝2010，西山雄二訳『倫理と無限――フィリップ・ネモとの対話』筑摩書房）.

Lévinas, E.（1987）*Hors Sujet*, Fata Morgana.（＝1997-b，合田正人訳『外の主体』みすず書房）.

Lévinas, E.（1991）*Entre nous*, Grasset.（＝1993，合田正人・谷口博史訳『われわれのあいだで』法政大学出版局）.

丸山高司（1993）「表現的存在――歴史的生の存在論」新田義弘・丸山圭三郎・子安宣邦・ほか編『岩波講座　現代思想1　思想としての20世紀』岩波書店，139-185.

宮野　勝（2000）「第5章　データの大海から脱出する方法――多変量解析」今田高

俊編『社会学研究法──リアリティの捉え方』有斐閣, 177-200.
水川喜文（2007）「第1章　エスノメソドロジーのアイデア」前田泰樹・水川喜文・岡田光弘編『エスノメソドロジー──人びとの実践から学ぶ』新曜社, 3-34.
村上靖彦（2012）「眩暈と不眠──レヴィナスの精神病理学」『現代思想　3月臨時増刊号　総特集　レヴィナス』Vol.40-43, 青土社, 224-237.
中谷陽明（2006）「Lesson 7　研究資料の収集と分析──『研究方法』の選択」岩田正美・小林良二・中谷陽明・ほか編『社会福祉研究法──現実世界に迫る14レッスン』有斐閣, 141-174.
西原和久（2010）『間主観性の社会学理論──国家を超える社会の可能性〔1〕』新泉社.
西原和久（2012）「生活世界」大澤真幸・吉見俊哉・鷲田清一編『現代社会学事典』弘文堂, 736.
野口裕二（2005）『ナラティブの臨床社会学』勁草書房.
野口裕二（2009）「序章　ナラティブ・アプローチの展開」野口裕二編『ナラティブ・アプローチ』勁草書房, 1-25.
野家啓一（1993）『科学の解釈学』新曜社.
小倉襄二（1996）『福祉の深層──社会問題研究からのメッセージ』法律文化社.
岡村重夫（1956）『社会福祉学（総論）』柴田書店,〔再録：2001, 一番ヶ瀬康子・井岡　勉・遠藤興一編『戦後社会福祉基本文献集11　社会福祉学（総論）』日本図書センター〕.
岡村重夫（1983）『社会福祉原論』全国社会福祉協議会.
岡野八代・池田直子（2014）「訳者あとがき」アイリス・マリオン・ヤング著, 岡野八代, 池田直子訳『正義への責任』岩波書店, 287-296.
大川正彦（2001）「ジュディス・シュクラー　恐怖のリベラリズム　訳者付記」『現代思想　2001, 6』29（7）, 青土社, 138-139.
大澤真幸（2012）「意味」大澤真幸・吉見俊哉・鷲田清一編『現代社会学事典』弘文堂, 69-71.
斎藤慶典（2002）『フッサール　起源への哲学』講談社.
佐々木　力（1993）「二〇世紀における科学思想の転回」新田義弘・丸山圭三郎・子安宣邦・ほか編『岩波講座　現代思想1　思想としての20世紀』岩波書店, 187-236.
佐藤健二（2000）「第1章　厚みのある記述　モノグラフという物語」今田高俊編『社会学研究法　リアリティの捉え方』有斐閣, 48-75.
Shklar, J. N. (1989) Liberalism of Fear, in Nancy, L. Rosenblum ed. *Liberalism and the Moral Life*. Cambridge, Mass：Harvard University Press.（＝2001, 大川正彦訳「恐怖のリベラリズム」『現代思想　2001, 6』29（7）, 青土社, 120-139）.
嶋田啓一郎（1980）『社会福祉体系論──力動的統合理論への途』ミネルヴァ書房.
鈴木宗徳（2012）「第4章　公共性と熟議民主主義を分離・再接続する──『ミニ・

パブリックス』の可能性」舩橋晴俊・壽福眞美編著『現代社会研究叢書5　規範理論の探究と公共圏の可能性』法政大学出版局，105-123.

高根正昭（1979）『創造の方法学』講談社.

田村哲樹（2014）「熟議と参加――リベラル・デモクラシーを超えられるか」川崎修編『岩波講座　政治哲学6　政治哲学と現代』岩波書店，75-99.

友枝敏雄（2000）「終章　社会学の〈知〉へ到達する」今田高俊編『社会学研究法　リアリティの捉え方』有斐閣，269-289.

Walzer, M. (2004) *Politics and Passion: Toward a More Egalitarian Liberalism*, New Haven & London : Yale University Press. (＝2006, 齋藤純一・矢澤正嗣・和田泰一訳『政治と情念――より平等なリベラリズム』風行社).

山田竜作（2010）「第1章　現代社会における熟議／対話の重要性」田村哲樹編『〈政治の発見〉第5巻　語る――熟議／対話の政治学』風行社，17-46.

好井裕明（1987）「『あたりまえ』へ旅立つ――エスノメソドロジーの用語非解説風解説」ハロルド・ガーフィンケル他著，山田富秋・好井裕明・山崎敬一編訳『エスノメソドロジー　社会学的思考の解体』せりか書房，323-338.

好井裕明（2012）「会話分析」大澤真幸・吉見俊哉・鷲田清一編『現代社会学事典』弘文堂，162.

Young, I. M. (2011) *Responsibility for Justice*, Oxford University Press. (＝2014, 岡野八代・池田直子訳『正義への責任』岩波書店).

Zahavi, D. (2003) *Husserl's Phenomenology*, Stanford University Press. Stanford. (＝2003, 工藤和男・中村拓也訳『フッサールの現象学』晃洋書房).

あとがき

　物事を根源から考えることで思考が拓け，"見えてくる風景"とでもいうべきものがある。本書における探究を終えたいま，社会福祉学の構想というテーマについて，"私に見えている風景"を記述しておきたい。

　社会福祉学は，社会福祉といわれる営みの真なる姿（真理）を探究する。社会福祉という営み（社会福祉学の対象）を「原因と結果」という観点から探究していくと，そこで見出される真理には，結果として生じている事象（現象）に関するものもあれば，その事象（現象）を生み出している原因に関するものもある。さらに，ある原因についても，それを生み出している真なる原因がある。そうした「結果と原因の連鎖」を遡っていったときに見出せる第一原因（原理）の真理がある。それが，ダーバールとロゴスである。このうち，ダーバールは認識（知）に先行する倫理（行為，あるいは，行為を生み出すもの）であった。

　このダーバールとロゴスが，社会福祉という営みとその営みの真なる姿を明らかにしようとする社会福祉学を生み出す。いってみれば，ダーバールとロゴスという第一原因（原理）に対する実践的応答が社会福祉という営み（その応答は，それぞれの時代・社会の中で様々な形を取る）であり，知的応答が社会福祉学である。

　ダーバールとロゴスという根源（第一原因＝原理）から，社会福祉学の研究領域として生活世界論や領域論が生じ，また，領域論においても，事実の領域と価値・規範の領域とに分化する。このうち，実践と知を生み出す根源を忘却し，表層的な水準における因果関係の解明に終始したとき，社会福祉学は社会福祉という現実から乖離していく。そうした社会福祉学においては，社会福祉という営みの表層的な事実や因果関係の真理は解明されるものの，それはダーバールといった根源に触れていないが故に，人を実践へと駆り立てる力は有し

ていない。

　社会福祉学の学びを続けていっても，人の痛みや苦しみを感じることなく，また，社会福祉への関心を惹起しなければ，それは，社会福祉学とはいえないであろう。社会福祉学への学びを深めていけばいくほど，根源にある真理に触れることになる。その真理に触れた者は，自分と社会福祉という営みの「間」にある目に見えない関係性（他者への責任＝倫理）に気づき，自ずと，自分にできることを考え，行動するようになる。少なくとも，いまの私には，社会福祉学はそのように映っている。

　私自身は，社会福祉の実践を通して，ダーバールを聴き（感じ），自分と社会福祉という営みの「間」にある目に見えない関係性（他者への責任＝倫理）に気づいた。それを初めて言葉にした研究成果が『福祉哲学の継承と再生――社会福祉の経験をいま問い直す』（2014）である。そこで明らかにした福祉哲学に基づいて，本書では社会福祉学の構想を提示した。今後は，本書で示した生活世界論，領域論，そして社会福祉原論の研究に取り組んでいきたい。

　社会福祉学を，『福祉哲学の継承と再生――社会福祉の経験をいま問い直す』→『福祉哲学に基づく社会福祉学の構想――*社会福祉学原論*』→『社会福祉学Ⅰ――*生活世界論*』＋『社会福祉学Ⅱ――*領域論*』＋『社会福祉学Ⅲ――*社会福祉原論*』という形で提示したい（矢印は，基礎づけの関係を表している）。

　それが，ダーバールを聴いた"この私"が，社会福祉という営みに対して果たすべき責任（応答）であると思っている。

　『福祉哲学の継承と再生』（2014）を出版した直後から本書の構想が頭にあった。それが形になったら，『福祉哲学の構想』（2009），『社会福祉学原論』（2010）の出版で，筆者の福祉哲学および社会福祉学の研究を後押ししてくれた株式会社みらいから出版したいと思っていた。この度，その願いを叶えることができ大変嬉しく思っている。株式会社みらいの竹鼻均之社長，編集をご担当いただいた安田和彦さん，海津あゆ美さんに，心から感謝申し上げる。

あとがき

　最後に，"人として大切なこと"にいつも気づかせてくれる妻の直美，3人の子である颯月（さつき），日凪生（ひなせ），笙良（せいら）に本書を捧げる。

2015年8月30日
中村　剛

事項索引

あ行

間 51, 55, 57, 59, 103, 105, 136
曖昧さ 129
アポファンシス 122
安心させられる 129
いのち（生）の言葉 43, 52
意味 150, 186
因果的推論 203
因子分析 206
ヴェルブム 45, 60
エスノメソドロジー 199
エピステーメー →学知
エポケー 48
演繹的推論 22
演繹法 205
負い目 130
岡村理論 2

か行

外在主義 95
開示性としての真理 131, 156
解釈 46
解釈学的基底 201
解釈学的経験 50, 197
解釈の空間 →理由の空間
概念 158
解放的関心 185
会話 105
顔 55, 107, 112, 113, 133, 193
科学 187
科学的研究 203
学知 21, 22, 23, 82, 167, 201
学問的基盤 3
仮説 205
「語り」（証し）としての真理 135, 157
価値・規範における真理 163
価値認識 186

カテゴリー 163
神と人との間で聴かれる言葉 41
神の言葉 43
神の働き →霊
還元 107, 125
観察者の視点 151, 160, 161
感性 79
観想 →テオリア
技術的言語 73, 78
記述的推論 203
基礎づけ主義 93
基礎命題 93
帰納的推論 22
帰納法 205
規範理論 189
基本統計量 204
客体の真理 4, 141, 163
空談 129
経験的次元 187, 192
経験的真理 163
形而上学 132
決意性 130
現出 123
現出者 123
現象 122
現象学 97, 98, 99, 121, 122, 125, 187, 191
現象学的還元 99, 121, 127, 148, 151, 154, 190
現存在 129
行為の正当化 96
合意法 206
好奇心 129
構成 192
刻時性 →時間性
この子らを世の光に 26
コミュニティ 28
根源語 53
根源的偶然性 111

根源的真理　162
根源にある知　109

さ行

差異法　206
作用史　49
作用史的意識　49
時間性　131
始源語　55
自己意識の明証性　93
志向性　100, 103, 127, 149, 192
志向的分析　190
事実認識　186
事象　123
自然主義　96
自然的態度　99, 126
思想　25
思想的言語　25, 40, 53, 72, 74
実践的関心　181
実践的理性　71
質的研究　198
指標　203
社会　23, 149, 151
社会科学　191
社会科学の視点　→観察者の視点
社会福祉　24, 31, 159
社会福祉学　24, 114, 161
社会福祉学原論　3, 4, 90, 166, 217
社会福祉学における根源的視点　155
社会福祉学における真理　137, 155
社会福祉原論　172
社会福祉の原理　172
社会福祉の本質　172
社会福祉理論　189
重回帰分析　205
熟議　211
熟議民主主義　211
主体的真理　4, 141, 162
手段的理性　71
純粋意識　99
人格　28, 41, 53

信念　92
信念の正当化　96
真理　120, 136, 137, 155
垂直的な間主観性　106, 107
水平的な間主観性　106
推論　202
生活者（当事者）の視点　160
生活世界　101, 102, 161, 182, 186, 192
生活世界論　168
整合説　94
正当化　92, 93
世界　123, 147
世界の言葉　52
責任応答性　30, 40, 53
責任の分有　209
善　35
先駆的　130
先験的　166
先入見　47
操作化　203
疎外　129
素朴性　121
尊厳　75, 155
存在の真理　→開示性としての真理

た行

ダーバール　2, 57, 58, 65, 67, 73, 82, 214
体系　167
頽落　129
対話　187, 191
他者の真理　→「語り」（証し）としての真理
他者への責任　74, 106, 112, 139, 155, 193
小さくされた者　27
小さな善意　35
知識　22, 95, 113
知性　79
地平　48, 101, 102, 192

地平の融合　49
超越論的　148
超越論的間主観性　100, 127, 149
超越論的次元　99, 127, 192
超越論的視点　151, 154
超越論的態度　99, 126
超越論的他者　151
超越論的領野　186
テオリア　43, 69
哲学　1, 25
哲学の視点　→超越論的視点
転想　205
同　133
独立変数と従属変数の共変　204
独立変数の先行　204

な行

内在主義　92, 97
内在的視点　98
内在的なもの　97
ナラティブ・アプローチ　200
日常性　129
ノエシス　149, 192
ノエシス的側面　→超越論的次元
ノエマ　149, 192
ノエマ的側面　→経験的次元

は行

パス解析　206
パラメータ確立　→他の変数の統制
判断停止　→エポケー
比較事例研究法　206
人と人との間で発せられる言葉　→思想的言語
人の生が表現される言葉　→文学的言語
表象　100
表象主義1　103
表象主義2　103
不運　208
福祉　24

福祉思想　188, 189
福祉哲学　188, 189
不正義　208
プネウマ　58
プラクシス　43, 201
文　104
文学　31
文学的言語　31, 39, 40, 51, 72, 75
分類　203
ベイコン的科学　70
ペリアゴーゲー　121
方法　181
他の変数の統制　205
母国語　47, 62
本質　172
本来性　129
本来的実存　129

ま行

視る　127, 153, 181
視るべきもの　214
視るべきものを視よ　29, 32
視るべきものを視る　153, 182
明証　127
明証性としての真理　128
命題　158
メタノイヤ　154, 182, 188
モノグラフ法　199

や行

唯一性　110
誘惑　129
呼びかけ　73

ら行

ラチオ　60
理解　48, 50
理性　79
理由の空間　104

領域論　170
良心　130
理論的言語　73, 77
倫理　→他者への責任
ル・メーム　→同
ルーアッハ　→霊
霊　42, 44, 58, 112
歴史　1
連帯　76
ロゴス　2, 42, 59, 61, 68, 71, 73, 82

ロジック　2
論証　22
論証知　→学知
論理的真理　162
論理的認識　186

わ行

われ―それ　53
われ―なんじ　53

人名索引

あ行

アリストテレス（Aristotelēs） 80
アンリ（Henry, Michel） 29, 42, 52, 55
イエス（Iēsous, Jesus） 81
ウェーバー（Weber, Max） 188
ウォルツァー（Walzer, Michael） 210
エリスン（Ellison, Ralph） 33
秋山智久 40
阿部志郎 28, 40
糸賀一雄 26
稲葉昭英 205
色川大吉 74
大川正彦 212
大澤真幸 23, 110, 150
岡村重夫 2, 158, 179, 183
小倉襄二 29, 32, 153, 181

か行

ガダマー（Gadamer, Hans-Georg） 19, 45, 47, 187, 196
ガリレオ（Galilei, Galileo） 69, 124
カント（Kant, Immanuel） 80, 148, 166
クーン（Kuhn, Thomas Samuel） 201
グロスマン（Гроссман, Василий） 35
掛谷英紀 23
門脇俊介 94, 96, 100, 103, 104
木原活信 54, 200
熊野純彦 133
古東哲明 131, 173

さ行

シュクラー（Shklar, Judith） 211
ソクラテス（Sōkratēs） 71, 120
斎藤慶典 100, 127, 192
坂口ふみ 41
坂部恵 81

佐藤義之 111
柴田善守 25
嶋田啓一郎 30, 40

た行

ディルタイ（Dilthey, Wilhelm） 46, 77, 195
デカルト（Descartes, René） 97, 138
トマス（Thomas, Aquinas） 81
トレモンタン（Tresmontant, Claude） 42, 112
谷徹 122, 123
戸田山和久 22
友枝敏雄 188

な行

ネイル（Neher, André） 65
永井均 110, 173
仲原孝 132
西原和久 182, 192
貫成人 138
野家啓一 93

は行

ハーバーマス（Habermas, Jürgen） 180
ハイデガー（Heidegger, Martin） 68, 122, 128, 156
パルメニデス（Parmenidēs） 68
フィロン（Philōn） 60
ブーバー（Buber, Martin） 53, 67
フッサール（Husserl, Edmund） 19, 97, 99, 103, 124, 126, 148, 187, 201
プラトン（Platōn） 69, 120
ブランショ（Blanchot, Maurice） 75
プルースト（Proust, Marcel） 34
ブルーナー（Bruner, Jerome） 105

ベイコン（Bacon, Francis）　70
ヘラクレイトス（Hērakleitos）　59，68
ヘルト（Held, Klaus）　136
ボーマン（Boman, Thorleif）　61，66，141
浜渦辰二　101，192
藤沢令夫　68-71
古川孝順　1，18，91，179，215
本田哲郎　27，44，66，153，182

ま行

丸山高司　195
宮本久雄　57
村上靖彦　194

や行

ヤング（Young, Iris Marion）　208
やまだようこ　105

ら行

ルーマン（Luhmann, Niklas）　150
レヴィナス（Lévinas, Emmanuel）　55，57，106，112，132，157，193
ローティ（Rorty, Richard）　76，105

わ行

渡邊二郎　121

著者紹介

中村　剛（なかむら・たけし）
1963年　埼玉県に生まれる
2013年　大阪大学大学院文学研究科文化形態論（臨床哲学）専攻
　　　　博士後期課程修了　博士（学術）
　　　　19年間，社会福祉施設（知的障害者入所更生施設，知的障害者通所授産施設，養護老人ホーム）に支援員，相談員として勤務
現　在　関西福祉大学社会福祉学部教授
主な業績　『福祉哲学の継承と再生──社会福祉の経験をいま問い直す』ミネルヴァ書房，2014年．2015年度日本社会福祉学会学会賞（学術賞：著書部門）受賞
　　　　『社会福祉学原論──脱構築としての社会福祉学』みらい，2010年
　　　　『福祉哲学の構想──福祉の思考空間を切り拓く』みらい，2009年
　　　　『井深八重の生涯に学ぶ──"ほんとうの幸福"とは何か』あいり出版，2009年
　　　　「社会福祉における承認の重要性──A. ホネットの承認論を理論的基盤として」『社会福祉研究』111，2011年
　　　　「福祉思想としての新たな公的責任──『自己責任論』を超克する福祉思想の形成──」『社会福祉学』51（3），2010年

福祉哲学に基づく社会福祉学の構想──社会福祉学原論

発　行　日	2015年12月25日　初版第1刷発行
著　　　者	中村　剛
発　行　者	竹鼻均之
発　行　所	株式会社みらい
	〒500-8137　岐阜市東興町40番地　第5澤田ビル
	TEL　058（247）1227㈹
	FAX　058（247）1218
	http://www.mirai-inc.jp/
印刷・製本	西濃印刷株式会社

定価はカバーに表示してあります．
落丁・乱丁本はお取り替えいたします．
ⒸTakeshi Nakamura 2015, Printed in Japan
ISBN978-4-86015-363-2 C3036